Autor _ SAIGYŌ
Título _ POEMAS DA CABANA MONTANHESA

Copyright _ Hedra 2010

Tradução® _ Nissim Cohen

Primeira edição _ São Paulo: Aliança Cultural
Brasil-Japão/Massao Ono, 1994

Corpo editorial _ Adriano Scatolin,
Alexandre B. de Souza,
Bruno Costa, Caio Gagliardi,
Fábio Mantegari, Iuri Pereira,
Jorge Sallum, Oliver Tolle,
Ricardo Musse, Ricardo Valle

Dados _

Dados Internacionais de Catalogação na Publicação (CIP)

S139 Saigyō (1118–1190)

Poemas da cabana montanhesa. / Saigyō. –
São Paulo: Hedra, 2010. Introdução de
Nissim Cohen, com antecedentes históricos
do Japão até o século XI. p.

ISBN 978-85-7715-159-2

1. Literatura Japonesa. 2. Poema. 3. Poesia.
4. História Japonesa I. Ilustrações Tova
Cohen. II. Título.

CDU 895.6

CDD 895.6

Elaborado por Wanda Lucia Schmidt CRB-8-1922

Direitos reservados em língua
portuguesa somente para o Brasil

EDITORA HEDRA LTDA.

Endereço _

R. Fradique Coutinho, 1139 (subsolo)
05416-011 São Paulo SP Brasil

Telefone/Fax _ +55 11 3097 8304

E-mail _ editora@hedra.com.br

Site _ www.hedra.com.br

Foi feito o depósito legal.

Autor _ SAIGYŌ
Título _ POEMAS DA CABANA MONTANHESA
Organização e tradução _ NISSIM COHEN
São Paulo _ 2014

Saigyō (1118-1190), cujo nome de batismo é Satō Norikiyo, nasceu em uma família de samurais pertencente a um sub-ramo do clã Fujiwara. Seu pai era um oficial dos guardas dos Portões Imperiais. Quando jovem segue a carreira militar, mas aos 23 anos, em 1141, abandona a vida na corte e torna-se monge. Recusa seu nome secular, Norikiyo, e tenta vários nomes budistas antes de, finalmente, se fixar como Saigyō. Inicialmente, é treinado no quietismo da seita Tendai e, mais tarde, passa para a de Jōdo. Leva a vida viajando — alternando longos períodos de autoprivação intencional em selecionados sítios isolados nas montanhas para a prática de austeridades budistas, com três prolongadas peregrinações a áreas muito remotas, e com outras viagens mais curtas e retornos ocasionais à capital Quioto, para participar de cerimônias imperiais. Em 1147, começa seu primeiro grande empreendimento — a longa viagem ao extremo norte do país. Em 1168, agora com 51 anos de idade, sai para sua segunda peregrinação, desta vez à ilha Shikoku. Consta ter vivido períodos em Ise, o mais sagrado sítio do xintó, e em Yoshino, próximo ao monte Kōya.

Poemas da cabana montanhesa é a primeira antologia de Saigyō em português e reúne 135 poemas. A antologia original continha 1571 composições em sua primeira compilação. Todos os poemas são *tanka*, forma poética tradicional japonesa composta por cinco versos que totalizam 31 sílabas. O primeiro e o terceiro versos devem ter cinco sílabas e o segundo, o quarto e o quinto sete. Os temas são contemplativos em sua maior parte, por terem sido compostos durante as viagens que o poeta realizou aos lugares sagrados do Japão. Também comparecem como assuntos o abandono do mundo e a dificuldade de desapegar-se às paixões, o pensamento budista, a admiração pela natureza. Os poemas de Saigyō buscam a simplicidade e admitem a abordagem de cenas cotidianas e objetos corriqueiros, segundo a ideia de que nenhum objeto é tão simplório ou tão sublime que não possa ser tratado poeticamente.

Nissim Cohen (Istambul, 1930 — Jacareí, 2009) viveu parte de sua vida em Israel, onde se formou em Engenharia. Em 1958, após haver participado de duas guerras, emigrou para o Brasil. Em 1973, durante uma estadia nos Estados Unidos, conheceu o budismo por meio do guru da época, Allan Watts. Aplicou-se à prática budista, inicialmente como autodidata. Mais tarde recebeu instrução pessoal de alguns instrutores conhecidos, como Joseph Goldstein, Anagarika Sri Munindra, Krishna, e o venerável Sayadaw U Pandita. Em 1982, em Bodh Gaya, Índia, recebeu os votos de upasaka das mãos do venerável Rastrapal Thera. Ao longo dos anos instruiu e orientou muitas pessoas no ensinamento original de Buda, assim como em meditação. Tornou-se especialista no estudo do Cânone Páli e traduziu, pela primeira vez do original páli, o livro *Dhammapada — A senda da virtude*. Escreveu *Fundamentos da gramática Pali* e traduziu diversos outros textos que estão disponíveis no site www.centrobudista.com. Seu último livro, *Ensinamentos do Buda*, uma antologia do pensamento budista contido no Cânone Páli, foi publicado em 2008, quando seus problemas de saúde já se encontravam em estado avançado. Nissim Cohen faleceu em 2009, após prolongada doença, sempre encarando a vida e sua situação com a melhor ótica budista. Continuou a trabalhar, até os últimos dias, em uma antologia dos ensinamentos do Buda sobre a meditação.

SUMÁRIO

INTRODUÇÃO

CONSIDERADO um dos maiores poetas japoneses de todos os tempos, Saigyō nasceu e viveu numa das épocas mais turbulentas e culturalmente mais brilhantes da história japonesa. Quando ele morreu no Templo Kōsenji, no que hoje é Osaka, na primavera de 1190, precisamente como ele havia escrito num poema anterior (p. 148) — no qual fez votos de morrer durante a lua cheia do segundo mês lunar, tradicionalmente comemorado no Japão como o aniversário da despedida de Xaquiamúni desta vida —, o poema foi visto pelos seus contemporâneos como preditivo de uma maneira preternatural, assegurando sua reputação como um santo budista e estimulando as hagiografias medievais a seu respeito. Assim, vemos sua vida e obra tornarem-se, ao longo dos tempos, o assunto de muitas narrativas, peças de teatro e dramas de bonecos. Sua obra é de grande importância, pelas inovações, pelo novo espírito nela expresso, e por ter elevado a forma *tanka* (*waka*) a sua culminância artística, feito este geralmente comparado ao que Bashō (1644—1694) fez pelo haicai — este herdeiro lógico e natural do *tanka*.

Atraídos pela obra de Saigyō e influenciados por este contam-se outros monges-poetas de tempos posteriores, como Ton'a (1289—1372), Sōgi (1421—1502), Bashō e Jiun. Quando instado a indicar um ancestral espiritual e artístico para sua obra, Bashō apontou para Saigyō, porque era ele alguém "que em arte segue a natureza e faz das quatro estações amigas." Saigyō tornou-se um modelo importante para os poetas que o seguiram. Para um poeta haicaísta como Bashō, Saigyō era, ainda, quinhentos anos depois, o supremo mestre da poesia *tanka*:

INTRODUÇÃO

Tome as *waka* (*tanka*) de Saigyō, as renga de Sōgi, as pinturas de Sesshū, o chá de Rikyū — o que os trespassa é uma e a mesma coisa. Aqueles, na arte, seguem a natureza e fazem das quatro estações amigas. O que quer que eles vejam, só pode ser uma flor; o que quer que pensem só pode ser a Lua. Aqueles que não veem flor alguma em qualquer coisa não são melhores do que os bárbaros; aqueles que não sentem flor[1] alguma nos seus corações são parecidos aos pássaros e bestas. Saia de entre os bárbaros, afaste-se dos pássaros e bestas. Siga a natureza e volte à natureza, isto é o que eu digo.

Cedo, no décimo mês, o céu tem aspecto incerto e eu me sinto como uma folha no vento, não sabendo aonde estou indo:

Gostaria de ser chamado um viajante dos primeiros aguaceiros."[2]

Bashō ainda homenageou Saigyō, incorporando referências às obras deste no seu próprio haicai, não como uma tentativa de imitação, mas como um ato de respeito para com um mestre absoluto.

Seria proveitoso e conveniente, antes de tentarmos um esboço biográfico, passar em revista os principais eventos históricos e culturais da época de Saigyō e das que a antecederam, a fim de podermos ver, a nosso contento, as circunstâncias sociais e culturais nas quais sua obra germinou, e melhor apreciarmos suas contribuições. Seria também iluminador, por permitir-nos compreender certos costumes culturais e religiosos do atual Japão, dado que estes têm suas raízes remontadas àquelas épocas.

Isto é o que faremos, a seguir.

---

[1] Supõe-se queira ele dizer aqui "Lua", substituída, distraidamente, por "flor".

[2] Apud Hiroaki Sato e Burton Watson. *From the Country of Eight Islands: An Anthology of Japanese Poetry*. Seattle: University of Washington Press, 1981, p. 283.

NISSIM COHEN

ANTECEDENTES HISTÓRICOS (DOS PRIMÓRDIOS ATÉ O SÉCULO XI)

Os Primórdios — A despeito do isolamento geográfico, o povo japonês é o produto de numerosas migrações vindas do continente asiático ao longo de milhares de anos. A exata natureza deste processo é ainda sujeita a debates.

A primeira cultura claramente definida é a de Jōmon (10.000—250 a.C.). Esses primitivos povos neolíticos, com sua peculiar cerâmica e sustentação com base na caça, pesca interiorana e coleta de alimentos, aparentemente viveram em locais isolados, espalhados por inúmeras ilhas japonesas.

Enquanto pouco há para ligar culturalmente Jōmon à época posterior, os povos da cultura Yayoi seguinte (*c.* 300 a.C.—200 d.C.) são considerados os originadores da cultura japonesa. Os aspectos básicos desta era são a prática da agricultura de arroz irrigado e o uso de bronze e ferro. Várias evidências sugerem que a língua japonesa, a religião indígena xintó e a emergência das famílias hereditárias governantes (uma das quais provavelmente a fonte da presente linha imperial) começaram a se cristalizar durante este período Yayoi.

Os estudiosos não costumam tomar seriamente como história os mais antigos anais existentes em japonês. De acordo com eles, muitos dos eventos descritos são anacrônicos, e muitas das lendas são selecionadas com o propósito de legitimar a reivindicação Yamato do direito de governar o Japão todo. Nos relatos, a ascendência da família imperial é remontada, através do primeiro imperador Jimmu, à Deusa Sol, e além dela, aos criadores das próprias ilhas japonesas. É somente a partir do reinado da imperatriz Suiko (592—628) que a história escrita conscientemente torna-se uma realidade. De acordo com os anais históricos chineses, em meados do século I d.C., havia no Japão uma centena de comunidades tribais espalhadas. Mesmo numa época tão

INTRODUÇÃO

tardia quanto o período dos Três Reinados chinês (220—265) o Japão ainda era dividido em quase quarenta comunidades.

A cultura da tumba (*c.* 300—710) serve de ponte, ligando a pré-história à história. Durante esse período uma aristocracia guerreira, possivelmente originada de migrações a partir da Ásia Central via Coreia, governou sobre uma população cuja vida pouco tinha mudado desde o período Yayoi. As inúmeras tumbas de terra monticulada, que emprestam seu nome a esta cultura (a maior das quais cobre uma área igual à da Grande Pirâmide, no Egito), testemunham a riqueza e poder da classe governante.

Durante essa época, os japoneses estiveram envolvidos em eventos políticos e mantiveram alguns territórios sob seu controle na Coreia até o ano de 562, quando seu centro político na península foi destruído pelo emergente poder do reinado coreano de Silla. A expulsão dos japoneses do continente para o relativo isolamento de suas ilhas pode ter ajudado no nascimento do Japão histórico. O surgimento de poderosas dinastias na China e Coreia impeliu o Japão a realizar um governo unificado, se não quisesse ser engolido pelos rivais.

Uma característica vital desta era foi a divisão da sociedade em famílias hereditárias governantes, de um lado, e uma classe subserviente de trabalhadores e artesãos, separados em comunidades por tipo de ocupação (*be*), de outro. Os chefes das famílias governantes serviam simultaneamente de sacerdotes. Os ancestrais dessas famílias recebiam a titulação de semidivinos e eram incluídos no panteão dos "espíritos" (*kami*) da religião xintó.

Xintó — *Kami-no-michi*, "O caminho dos deuses", na pronúncia japonesa. A religião animista nativa que vê espíritos superiores, *kami*, em todos os aspectos da natureza, e apela a estes espíritos para recompensas beneficiais, por meio de purificação, de oferendas nos santuários e

NISSIM COHEN

participação em rituais e festivais. Esta religião, notavelmente simples, tem-se mantido, através da história japonesa, devido, em grande parte, aos seus liames com a natureza, e, portanto, com o ciclo agrícola. Em tempos modernos, essa religião foi usada pelo governo para fortalecer o patriotismo e a lealdade ao imperador. Embora esse "xintoísmo estatal" tenha sido posto na ilegalidade após a derrota do Japão em 1945, a religião em si sustenta sua posição na vida japonesa. Mesmo o menor dos vilarejos possui o seu santuário xintó e os festivais xintoístas representam um ponto alto na vida dos habitantes.

O xintoísmo tem pouca especulação. Não há discursos moralizantes e não se preocupa com a ética. Ele requer rezas, purificações e cerimônias. O ritual xintoísta toma conta das bênçoes no nascimento, das cerimônias de casamento, e rezas são dirigidas às divindades na época da semeadura no campo ou na das colheitas. Em contrapartida, o budismo, com sua elevada filosofia e propostas de salvação, viria a cuidar, mais tarde, dos últimos rituais e cerimoniais fúnebres e da futura vida, enquanto que a moral pública e pessoal ficaria a cargo de ambos, budismo e confucionismo.

[...] Xintó era diversificado nas suas origens e permaneceu um agregado heterogêneo de cultos, até os tempos históricos. Seu fracasso em se desenvolver numa religião unificada provém grandemente das características naturais do Japão e de um forte senso de regionalismo entre o povo. As numerosas comunidades tribais que viviam na bacia ribeirinha ativeram-se às suas próprias crenças mesmo após o controle unificado do governo central ter começado a impor sua autoridade cedo, no século v [...].

O xintó primitivo abrangia cultos de origens excessivamente variadas, incluindo animismo, xamanismo, cultos de fertilidade e adoração da natureza, dos ancestrais e dos heróis. Ao longo do tempo, a distinção entre esses variados cultos tendeu a desaparecer [...]. Antes que o xintó viesse a se tornar uma "fé nacional", porém, ele teria ainda que ser reforçado sucessivamente pelos conceitos

INTRODUÇÃO

filosóficos e religiosos do confucionismo Han, budismo esotérico, neoconfucionismo e, finalmente, cristianismo.

O centro mais antigo de adoração xintó era aquele do Santuário Izumo na costa do Mar do Japão, próximo à península coreana. O santuário em Ise, dedicado à Deusa Sol [*Amaterasu-ō-mi-kami*, "Grande luzente divindade dos céus"], veio a se tornar o mais importante, e era ali que vários símbolos do poder imperial foram exibidos [assim como era o local mais frequentemente visitado pelos imperadores e imperatrizes em busca de apoio espiritual]. Justamente quando o xintó estava assumindo, pela primeira vez, as feições de uma religião mais homogênea e desenvolvida, a chegada do budismo desferiu-lhe um golpe e o relegou a segundo plano em importância, pelo menos junto às elites, durante muitos séculos."[3]

PERÍODO ASUKA — Pela metade do século V, um grupo de famílias (*uji*) poderosas, estabelecidas na fértil planície de Nara, em Asuka, havia imposto um frouxo controle sobre a parte central e ocidental do Japão, e havia empossado seu chefe como sacerdote e governante sobre essa área. Descendentes diretos desses governantes do *uji* Yamato continuaram a ocupar o trono do Japão até o presente.

Em meados do século VI, os líderes Yamato iniciaram e dirigiram uma introdução vigorosa da cultura chinesa. O Japão acabara de mergulhar numa profunda crise política, econômica e social. A chegada do budismo uns cinquenta anos antes (cf., a seguir, "Budismo") havia causado também uma amarga controvérsia. Por cima de todas as dificuldades, pairava a ameaça a sua segurança representada por uma China unificada sob o reinado Sui e uma Coreia unificada sob o Silla, agora face a face com um Japão fraco e descentralizado.

Essas dificuldades, aliadas ao desejo natural dos japoneses de emular as realizações superiores das surgentes dinastias

---

[3] Wm. Theodore de Bary et al. (org.). *Sources of Japanese Tradition. (Introduction to Oriental Civilizations)*. New York: Columbia University Press, 1964, pp. 21—24.

NISSIM COHEN

chinesa e coreana, engendraram alguns fatores que tornaram possível um desenvolvimento crucial e sem precedentes na história japonesa. Quando a imperatriz Suiko, do clã Soga, assumiu as rédeas do reinado e reinou (592—628) no que é considerado um dos períodos mais notáveis da história japonesa, a corte Yamato tentou aprimorar seu poder adotando muitas das feições da civilização chinesa, especialmente suas instituições políticas. Foi ainda proclamada a "Constituição" — um conjunto de princípios de governo em dezessete artigos.

O principal arquiteto dessas grandes mudanças fora o príncipe Shōtoku (573—621), que serviu como "regente" durante a maior parte do reinado de sua tia, a imperatriz Suiko. Embora tenha sido um devoto budista, foi exatamente aos modelos confucianos que ele recorreu como guia quando se defrontou com a enorme tarefa de reorganizar o governo. Seu problema mais crucial, o estabelecimento da corte como autoridade central, foi bem enfrentado pelos ensinamentos confucianos conforme estes haviam se desenvolvido sob o império Han.

BUDISMO (I) — Na décima lua do ano 552 d.C. o rei coreano de Packche mandou ao Japão emissários, carregando presentes que incluíam uma imagem de Buda, textos sagrados e vários objetos religiosos; acompanhava-os uma carta do rei na qual o budismo era elogiado e enaltecido em termos piedosos e poéticos.

Diz-se que o imperador Kimmei, deliciado com as novas, teria pulado de alegria. O chefe do clã Soga, não menos afetado, insistiu que o Japão devesse seguir o exemplo das outras nações civilizadas, adotando a nova religião. Elementos conservadores na corte, porém, representando o ponto de vista tradicional xintoísta, foram violentos na sua oposição ao que eles consideravam ser uma religião estrangeira e perniciosa à nação. Quando, pouco depois, uma peste irrompeu, os membros do clã Mononobe persuadiram o imperador de que

INTRODUÇÃO

se tratava de uma manifestação de ira dos deuses. A imagem de Buda foi jogada num fosso e o templo construído pela família Soga, arrasado. Isso iniciou disputas sangrentas entre as famílias Soga e Mononobe sobre o budismo, que haveria de se estender por quase cinquenta anos.

Nada foi ouvido do budismo até 584, quando um membro dos Soga foi presenteado com duas imagens budistas vindas da Coreia. No entanto, não se passou muito tempo quando outra praga foi pretexto para as facções xintoístas jogarem as imagens sagradas no fosso. Quando estas medidas rigorosas falharam em evitar o alastramento da doença, o imperador finalmente concedeu permissão à família Soga para venerar o budismo conforme seu desejo. Em 605, o imperador Suiko emitiu um edito ordenando a ereção de um grande Buda de bronze. Este era o famoso Asuka Daibutsu, uma imagem de 23 metros do Shaka Nyorai instalado no templo Asuka-ji, evidenciando a aceitação final do budismo.

Embora o budismo só fosse alcançar o povo comum no século XII, seu impacto preliminar sobre as altas classes era profundo e amplo. Entre outras funções, o budismo servia como veículo pelo qual os japoneses tinham acesso às grandes civilizações da Índia e da China. Sua riqueza — que se expressava na existência de esplêndidos templos e mosteiros, bem como de obras de arte espalhadas pelo continente asiático, e a profusão de textos sagrados e de inúmeros comentários preparados pelos mais brilhantes homens —, intimidou e deslumbrou os governantes japoneses acostumados aos rústicos templos xintoístas — uma religião que à época não possuía uma única linha escritural —, e os tornou ávidos em adquirir um conhecimento preliminar dos seus princípios. A maioria dos imperadores e imperatrizes no século seguinte foram devotos budistas; de fato, o período Nara (709—784), de certa maneira, marca o ponto alto do budismo no Japão.

A partir do século VII, monges coreanos e chineses cultos começaram a chegar. Estes monges que cruzavam os mares tempestuosos não propagavam apenas a nova fé, mas serviam de portadores da superior cultura chinesa: junto com o transplante dos artigos de fé havia o transplante de ideias. O aprendizado japonês da escrita chinesa beneficiou-se da prática de copiar à mão inúmeros sutras budistas, distribuídos por ordem imperial aos vários templos e mosteiros. Ademais, para erigir templos e mosteiros, carpinteiros e artesãos tiveram de ser trazidos do exterior, bem como monges missionários.

Ficou também patente que monges budistas foram recipientes para transmissão de ramos de conhecimento que não tinham conexão direta com doutrinas ou instituições religiosas, mas que, todavia, não eram vistas como incompatíveis com estas. Entre aqueles estão a arte de fazer calendários, a astronomia, a geomancia, e também livros sobre a arte da invisibilidade e da mágica.

Uma vez colocada a girar, a roda das mudanças desencadeou um processo de liberação de forças sobre o qual nem sempre foi possível exercer um controle humano, e o qual sempre se alimentou da tradicional rivalidade tribal. Assim, o caminho estava livre para a inauguração das reformas Taika (Grande Mudança) em 646, com a deposição do poderoso clã Soga. Anterior a isso, os registros imperiais anotam estranhas ocorrências e calamidades, como se os Céus estivessem demonstrando descontentamento com a usurpação do poder imperial pelos Soga. Então (Fujiwara) Kamatari e o futuro imperador Tenchi aparecem em cena como os líderes da "restauração". Dentro de dois anos foram eliminados, primeiro, os membros da família do príncipe Shōtoku (que, ao serem encurralados, cometeram suicídio em massa) e, depois, foi assassinado o líder do clã Soga. A oposição assume o poder. Kamatari, do clã Nakatomi, tradicionalmente incumbido das funções sacerdotais xintoístas, teria várias vezes declinado do posto de superintendente da religião xintó. Após seu bem-sucedido golpe, ele colaborou com vários impera-

INTRODUÇÃO

dores. O último imperador que ele instalou no trono (661), Tenchi, conferiu-lhe o título de Fujiwara. Tenchi também foi identificado pelas crônicas como alguém que "desdenhou o Caminho dos Deuses (xintó)".

Os editos da Reforma Taika (646) foram promulgados pelo imperador Kōtoku e incluíam a sistemática organização territorial, com governadores locais designados pela corte; reorganização da administração central; nacionalização das terras com a adoção do sistema chinês de tríplice taxação sobre a terra, trabalho e produção; e criação de uma divisão social mais simples de duas classes, os governantes e o povo comum, características da China imperial. Mas com esta imitação por atacado do sistema chinês vieram igualmente as dificuldades crônicas experimentadas pelas dinastias daquele país, que haveriam de solapar o novo Estado quase desde os seus primeiros instantes.

Havia contudo uma influência mais profunda e duradoura exercida pela China nesses anos do que as mudanças políticas inauguradas no século VII: o confucionismo.

CONFUCIONISMO E YIN-YANG — No coração de toda especulação confuciana está a doutrina — que ela compartilhava com outras escolas influentes do pensamento — que afirma que o universo é um todo harmonioso, no qual homem e natureza constantemente interagem um sobre o outro em todos os aspectos da vida. Dessa doutrina foi concluído que as ações dos homens, particularmente tal como representadas pelos governantes, afetam a ordem natural, que é sensitiva, acima de tudo, à qualidade ética dos seus atos. Se o homem falha em preencher sua própria função, a natureza age ou opera de modo a restaurar o equilíbrio total ou a harmonia. Por essa razão, acreditava-se que ocorrências naturais, especialmente aberrações espetaculares do curso natural, revelariam, quando adequadamente interpretadas, a que ponto um homem ou governante teria falhado no seu dever, ou o curso de conduta apropriado que ele deveria seguir.

A divinação e outras artes antigas eram muito importantes na China. Em tempos mais recentes, os astrólogos eram chamados de "historiadores" (*shih*), e combinavam as funções tanto dos adivinhos quanto dos compiladores de registros. Sua influência é visível na maneira chinesa de compreender a história como expressão da vontade do céu. Para os antigos historiadores chineses um evento digno de nota não era mero fato a ser registrado — este deveria ser interpretado ou como mau agouro ou como sinal de aprovação por parte do céu. Por trás de tal interpretação estava a crença nas necessárias correspondências entre os mundos do céu e da terra. Ciências diferentes evoluíram para lidar com eventos nos três domínios: céu, terra e homem. Estas eram a astrologia, a geomancia e a arte de "evitar calamidades", respectivamente. Assim, quando o sítio de Heian (Quioto) fora escolhido porque ele possuía o número "apropriado" de rios e montanhas, isto representou uma tentativa de assegurar, pela geomancia, os arredores mais auspiciosos para a nova capital.

Foi em 602 que o monge coreano Kwallŭk trouxera ao Japão alguns livros sobre geomancia e a arte de "evitar calamidades". Alguns membros da corte foram selecionados para estudar com o monge, e algumas das extraordinárias mudanças que tiveram lugar nos poucos anos seguintes poderiam ser atribuídas ao sucesso do novo ensino. Em 604, por exemplo, um ano cujos signos astrológicos marcaram-no como um "ano revolucionário" aos olhos dos adeptos de "evitar calamidades", a Constituição do príncipe Shōtoku fora proclamada.

Estas crenças se baseavam nos cinco elementos do pensamento yin-yang: planetas, os cinco elementos primários, cinco direções, as estações e os signos do zodíaco.

No Japão, a vida veio a ser regulada amplamente por tais

INTRODUÇÃO

crenças. Nos romances da Era Heian (794—1186), frequentemente mencionam-se as "direções desventuradas" ou "dias sem sorte". Para cada pessoa, dependendo do planeta que a governava, direções diferentes eram auspiciosas ou inauspiciosas num certo dia. Diários, dando as condições astrológicas de cada dia do ano, eram populares entre os grandes homens do estado, que regulavam seus planos de acordo com as influências celestiais presentes. Para aconselhar o governo sobre matérias do saber yin-yang, já em 675 havia-se organizado um departamento do yin-yang (*onyôryô*).

O ensinamento yin-yang não estava confinado apenas aos membros da corte; este havia se espalhado em todos os níveis da sociedade japonesa e afetava cada fase do viver diário, embora, ao contrário do budismo e xintoísmo, este não tivesse nenhum clero organizado para promovê-lo e perpetuá-lo. O desenho de uma casa e mesmo a posição das peças mobiliárias eram determinados pelo yin-yang. Para evitar calamidades, cuidados deveriam ser dispensados às diretrizes yin-yang sobre todas as matérias.

A tentativa yin-yang de explicar os fenômenos do universo — físicos e espirituais — em termos dos cinco elementos fora crescentemente bem-sucedido e encontrou pouca oposição séria. Alguns budistas parecem ter sido hostis inicialmente à leitura da sorte com base nos cinco elementos, mas, posteriormente, tentaram fazer o mesmo com cinco elementos de sua própria escolha. De um modo geral, porém, os ensinamentos de yin-yang foram amplamente aceitos e permaneceram indisputados até os tempos modernos.

Yin-yang não era a única variedade de pensamento chinês familiar à corte japonesa dos períodos Nara e Heian. Os clássicos do confucionismo e taoísmo eram relativamente bem-conhecidos, conforme se evidencia pela poesia do *Man'yôshū*, uma antologia concluída no século VIII. Imitações diretas do pensamento e literatura chineses poderão ser encontradas em *Kaifūsō*, uma coleção de poesia em chinês que data de 751.

Os restos duradouros da introdução do pensamento chinês no Japão antigo estão aparentes em todos os campos, especialmente no conceito do regulamento imperial, às vezes chamado de Tennôismo. Este conceito é baseado principalmente na alegação dos governantes japoneses quanto a uma sucessão ininterrupta da Deusa Sol. Quanto à assunção de poderes absolutos, que fez do rei japonês

NISSIM COHEN

um imperador divino (*Tennō*), esta claramente deriva da já plenamente desenvolvida autocracia chinesa, justificada pelo Mandato do Céu. Os sucessivos passos dados (a Constituição, as Reformas Taika, a adoção das instituições legais e burocráticas chinesas etc.) em direção ao estabelecimento de um forte governo central refletem a aderência japonesa ao conceito chinês do soberano como possuidor do Mandato do Céu.[4]

Período Heiji (Nara) — Durante o reinado do imperador Shōmu (724—749), a autoridade da coroa estava segura, e a nação havia atingido um estado de unidade relativa. Os poderosos clãs locais, porém, não haviam sido demolidos, mas, simplesmente, haviam se reorganizado para se tornarem membros da burocracia nacional. Como tal, eram eles politicamente fortes o suficiente para consolidar sua posição social e, pelo fim do período Nara, eram eles a força dominante na sociedade. Seu sucesso expressou o término da autoridade real, que já havia sido enfraquecida pela proteção que estivera dando à fé budista. A corte não só havia se encarregada de pagar pelas construções dos templos, a cópia de escrituras e outros acessórios relativos à propaganda religiosa; mas também, ela havia isentado os mosteiros e suas propriedades de taxação. Isso era queimar a vela em ambas as extremidades, e o poder do governo central atingiu a maré baixa com a drenagem financeira devastadora que se seguiu.

Budismo (ii) — Na forma que tomou, o budismo Nara fora uma extensão daquele do T'ang chinês. Por exemplo, foi nesse período que se ouve falar pela primeira vez das "Seis Seitas" existentes em Heijō (Nara), trazidas da China. (São elas: Jōjitsu e Sanron, desaparecidas; Hossō, um budismo de caminho-do-meio; Kusha, desaparecido; Kegon, defende disciplina e unidade de pensamento e substância, enfatiza sermões dados pelo Buda; e Ritsu, enfatiza regulamentos,

---

[4]Condensado de de Bary, pp. 54—59.

INTRODUÇÃO

preceitos e ética). Comum a todas as seitas estava a doutrina budista básica da mudança, a antítese da rígida visão de mundo confuciana. Os Céus não eram considerados como o modelo invariável da vida sobre a terra, mas como uma manifestação exterior da evolução universal.

Este budismo era uma religião de monges, que dedicavam-se ao intensivo estudo dos textos extremamente difíceis. Tais estudos filosóficos e religiosos tinham uma longa história no continente, mas, no Japão, onde a habilidade de leitura era uma aquisição recente, não se podia esperar por um entendimento real dos textos. Assim, somente algumas poucas ideias singelas é que alcançavam os leigos dos séculos VII e VIII. A principal delas dizia respeito à obrigação do governante de honrar e proteger a lei budista. A piedade da corte era amiúde expressa na ereção de suntuosos templos, principalmente em Nara. Certas cerimônias adotadas na corte, tal como a confissão aberta de pecados (*keka*), mostra a que ponto o forte desejo de levar uma vida religiosa permeava a classe dirigente. A influência budista levou também à construção de estradas e pontes, ao uso da irrigação, e à exploração das distantes partes do país pelos monges itinerantes (que traçaram os primeiros mapas japoneses). Características da vida japonesa, como o banho público e a cremação, também são de inspiração budista e remontam a esse tempo.

O imperador Shōmu (724—749), um dos mais devotos governantes, deu ordem para que todas as províncias construíssem templos (741). O budismo tornou-se quase uma religião estatal, dado que os chefes dos templos eram nomeados pela corte. Outrossim, o budismo foi invocado para preencher duas principais funções, nenhuma das quais tem qualquer coisa a ver com o ensinamento de Buda, mas ambas têm persistido até o presente como os dois principais deveres que o japonês médio espera que o budismo venha a executar na sua vida diária: disposição dos mortos e pacificação dos

NISSIM COHEN

fantasmas; e prover encantamentos mágicos para a produção de benefícios mundanos.

ARTE — As pinturas do Período Nara revelam uma civilização que fora feita para agradar os olhos. A rica paleta sobressai-se comparativamente às limitadas cores do período Suiko anterior. Tampouco havia se desenvolvido ainda o espírito frívolo e super-rebuscado dos maduros tempos do Heian. Esta arte poderá parecer mundana, contudo ela foi salva do excesso. Esplendor objetivo, esforço unido e significação nacional haveriam de ser substituídos posteriormente pelo luxo privado, pelo artista individual e pela intensidade emocional religiosa [...]. É preciso lembrar que a iconografia deve ter sido sempre mais importante do que o artista. A individualidade não era desejável, e já havia no Japão centenas de artesãos que poderiam ser reunidos para o grande empreendimento de embelezar os templos de Nara. A arte tinha sido organizada como um instrumento da burocracia a serviço do Estado.[5]

O imperador Shōmu mostrou grande interesse pelas artes. Projetos inteiros eram executados por oficinas, resultando, no caso da escultura, numa notável uniformidade de estilo. As divindades do Período Heijō (Nara) eram modelos francamente idealizados. Os deuses menores, especialmente, pareciam ter sido investidos de emoções humanas. O coroamento da arte desta era veio com a concretização do sonho do imperador Shōmu de um imenso Buda Universal. Dezenas de milhares de trabalhadores e artesãos participaram durante vinte anos da construção do templo Tōdai-ji. O imperador colocou todos os recursos do país em cobre a serviço da feitura do Rochana Buda de bronze, que foi instalado em sala especial. Quando em 749 foi encontrado ouro no Japão pela primeira vez, isso foi visto como um sinal auspicioso para a conclusão do monumento.

[5] R. T. Paine e A. Soper. *The Art and Architecture of Japan.* (The Pelican History of Art). Harmondsworth: Penguin Books, 2a. ed., 1974, p. 33.

INTRODUÇÃO

Baixo Heian — Poucos anos após o falecimento de Shōmu, apareceram sinais definitivos de que a corte estava prestes a se embrenhar numa luta. O repúdio da influência budista era evidente no código legal promulgado durante o reinado do imperador Kōnin (770—781), e isso era explícito sob o reinado seguinte do imperador Kammu (782—805). Um fator muito debilitante nesta época foi a desmoralizadora guerra velha, de quase um século, no norte da ilha de Honshu, contra os aborígenes Emishi-Ezo (Ainu). O imperador Kammu teve êxito em pôr fim à guerra (801), embora rebeliões periódicas, sem sérias consequências, continuassem a explodir ocasionalmente até 878 a.C.

A ascensão de Kammu ao trono marcou uma nova era de grandes mudanças na história japonesa. Em 794, o imperador ordenou a transferência da corte para Heian-kyō (atual Quioto), aparentemente para fugir da pressão e influência do clero de Nara, e o rígido padrão de governo chinês gradativamente cedeu lugar a um sistema mais apropriado ao temperamento japonês. O nome Heian significa "paz e tranquilidade" e fora dado, originalmente, à capital imperial. Durante os anos iniciais, pelo menos, o período (chamado Baixo Heian ou Jōgan ou Kōnin) justificou este nome. As lutas pelo poder, que haviam marcado a Era Nara, diminuíram de intensidade. Ainda não havia sido obtido completo sucesso na unificação do Japão e na centralização de sua administração: o controle das assim chamadas "províncias" passou inteiramente às grandes famílias que burlavam o sistema de taxação copiado da dinastia T'ang chinesa.

Entrementes, as fazendas hereditárias (*shōen*) que essas famílias possuíam, aumentavam em tamanho e poder, e, à medida que a guerra contra os Ainus ia se aplacando, deixando um resíduo de soldados experientes, e a ilegalidade e anarquia se espalhavam pelo país, elas contratavam guardas de segurança. Esse processo começou a produzir uma classe de profissionais combatentes (*bushi* ou samurai) que, mais

NISSIM COHEN

tarde, serviriam sob os estandartes de proeminentes famílias. | 25
Embora estes rústicos fossem olhados com desdém pelos seus
amos na capital, eles constituíram o germe do feudalismo —
um sistema que haveria de dominar o Japão do século XIII até
os tempos modernos. No entanto, foram necessários vários
séculos para os guerreiros samurais poderem desenvolver e
reconhecer sua própria força.

O país estava ávido por conhecimentos. Na nova capital,
a influência chinesa manteve-se, mas atitudes concernentes à
linguagem da corte mudaram; percebia-se, cada vez mais, um
distanciamento das técnicas chinesas de governar (o silabário
— que, baseado no uso de caracteres chineses simplificados
para representar os sons japoneses, desenvolveu-se num sis-
tema nativo de escrita — é um exemplo disso). Este foi um
período de crescimento em todas as direções, mas a quali-
dade mais distinta deste crescimento envolvia dois fatores:
bom-gosto e sensibilidade. Essas qualidades permearam a
legislação, a literatura, a pintura, a fala, a poesia e a diploma-
cia. Elas até tornaram-se parte do processo de governar.

BUDISMO (III) — Duas novas seitas budistas, qualificadas
como "esotéricas", foram trazidas da China por monges ja-
poneses. O monge Saichō (767—822) havia começado em
788 a construção de um templo no Monte Hiei, a noroeste de
Quioto. Em 804, ele foi enviado pela corte à China, onde es-
tudou os ensinamentos de Tendai (T'ien-t'ai), que ele trouxe
de volta ao Japão em 805. A exemplo da seita parente da
China, Tendai (Plataforma Celestial) tinha como escritura
principal o Sutra do Lótus da Boa Lei (*Hokkekyō*, em japonês;
Saddharma Pundarīika, em sânscrito), que enfatizava a iden-
tidade do Buda histórico com o eterno Buda transcendental.
Tendai pregava iluminação para todos, e declarava a unidade
básica de Buda e todos os outros seres. O meio de se atingir
a perfeição budista era seguir o caminho de Buda, levando

INTRODUÇÃO

uma vida de pureza moral e de contemplação. A divindade principal era Dainichi, mas budas exotéricos e não-míticos, como Yakushi (Buda Medicinal), eram igualmente adorados.

De muitas maneiras, era uma escola eclética. Ela enfatizava a irrealidade do mundo fenomenal. A iluminação deveria ser procurada num Caminho do Meio equilibrado — não em realismo e nem em idealismo transcendental, tampouco em estudos ou em meditação. Era justamente esta largueza de visão que, mais tarde, tornou possível às seitas meditativas como o Zen, às seitas de salvação como o Jōdo e Shin, e ao profético Nichiren evoluir a partir do grande mosteiro Tendai situado no Monte Hiei. Em que pese isso, a seita haveria de permanecer altamente intelectual e pouco acessível ao povo.

As doutrinas de Saichō receberam a oposição principalmente dos monges da seita Hossō, os quais objetavam, entre outras coisas, ao seu rito de iniciação, no qual votos eram feitos diretamente ao Buda e não aos monges. Após sua morte, o templo recebeu o nome oficial de Enryaku-ji (823), e Saichō o título póstumo de Dengyō Daishi (866).

Mas, a seita que dominou o pensamento do período Jōgan, incluindo sob sua influência até mesmo o Tendai, era o Xingón, a seita da Verdadeira Palavra (em sânscrito *Mantra*), um ramo tântrico do budismo. Seu fundador e expoente fora Kūkai (774—835) ou Grande Mestre Kōbō (Kōbō Daishi). Esta seita, que fora a última a se desenvolver na China, foi introduzida por Kūkai quando do seu retorno da China em 807. Não achando condições apropriadas em Nara para desenvolvimento da sua doutrina, ele foi ao Monte Kōya, onde iniciou a construção de um templo em 816, o Kongōbu-ji, sede da seita até os dias de hoje. Os ensinamentos do xingón atraíram especialmente a corte, e cedo adquiriram posição dominante.

Xingón era a mais oculta das seitas budistas. Como seu nome, Verdadeira Palavra, implica, ela ensinava fórmulas

NISSIM COHEN

mágicas e indicava a importante posição que a fala ocupava como um dos Três Mistérios: corpo, fala e mente. Estas três faculdades são possuídas por todo ser humano, mas nelas residem todos os segredos e por meio delas alguém pode atingir o budado. Os mistérios achavam expressão em complexos rituais e cerimônias somente do conhecimento dos mestres e discípulos iniciados. O xingón faz uso de vários sutras, um dos quais é o *Mahāvairocana Sutra*, uma exposição da natureza de Dainichi Vairocana, divindade principal da seita, considerado o deus supremo, a corporificação de toda existência. Todas as coisas são corporificadas em Dainichi (Grande Sol, Grande Iluminador), e o universo é composto de infinitos mundos, cada qual com um número infinito de Budas. Fazia ainda parte da doutrina o uso de todas as artes como meio de se atingir o budado.

As verdades destes ensinamentos foram consideradas absolutas, independentes de lugar e tempo, e como reunindo em si as verdades de todas as escolas de pensamento. Tanto na sua quase panteística visão do mundo quanto nos seus elaborados ritos, ela expressava tendências estreitamente relacionadas ao caráter nativo dos japoneses. À semelhança de Saichō, Kūkai ajudou na assimilação dos deuses nativos pelo ensino da ideia de emanação. O que diferenciava xingón de outras seitas era a possibilidade de atingir o budado no presente corpo. Pode-se ver que a doutrina do xingón era um método rápido de salvação. Numa religião prática, tal ensinamento deveria ter tido uma grande atração para aqueles que desejavam escapar da crença usual num interminável ciclo de nascimento e morte e um inexorável carma.

A contribuição de Kūkai ao budismo e à cultura japonesa foi incomensurável. Entre outras coisas, ele inventou o silabário japonês (*kana*) que permitiu aos japoneses um grau elevado de alfabetização, bem como tornou possível a gloriosa literatura da Era Heian. Fundou inúmeros templos, e a ele são creditadas muitas esculturas e pinturas. Fundou um

INTRODUÇÃO

novo tipo de escola pública e exerceu cargos administrativos elevados. Acreditava-se que ele possuía poderes mágicos.

Saga (809—823) sucedeu ao imperador Kammu. Ele introduziu várias reformas administrativas e foi o grande incentivador do Kūkai. O estabelecimento da Polícia Imperial (*Kebiishi*, 816), embora a melhor já organizada, não conseguia controlar a ilegalidade e o estado de terra de ninguém que reinava na capital. A pirataria aumentou ao longo das costas marinhas e cursos fluviais internos, e grupos de bandidos tornaram-se cada vez mais audaciosos e ativos. Um surpreendente resultado era a aparição de bandos de monges-guerreiros que, paulatinamente, se impuseram sobre as diretrizes do governo de Quioto de uma maneira destrutiva. As incursões periódicas destes na capital e as batalhas de rua que travavam, deixavam os habitantes em pavor.

Quando Fujiwara Yorifusa foi declarado em 858 regente do Japão e seu neto de nove anos Seiwa entronado como imperador, o país oficialmente ingressou na Era Fujiwara (ele era descendente de Nakatomi Kamatari, que havia participado da conspiração que eliminou os Soga; o nome Fujiwara foi lhe dado pelo imperador Tenchi, e seus descendentes formavam a vasta família Fujiwara e seus ramos). Menos de quarenta anos mais tarde (894), o Japão oficialmente pôs fim a todo contato formal com a China. A existência de maior estabilidade e continuidade de poder na corte deveu-se ao completo triunfo do princípio hereditário e à concentração do poder numa única família, a Fujiwara. A relativa paz gozada pelo Baixo Heian era devida à habilidade desta família em administrar seus próprios interesses e aqueles da casa imperial, de maneira a preservar sua dominação sob variadas circunstâncias. Outro fator foi o grande peso da tradição e o enorme prestígio da capital em assuntos culturais.

ARTE — A arte mais importante no século IX (Jōgan) continuou a ser budista. Sob a influência do xingón, as artes floresceram. Uma das coisas mais notáveis desse período é a abundância de pinturas em contradistinção aos períodos Asuka e Nara, que abundavam em esculturas. Estes construíam templos e esculturas para dar vazão aos seus impulsos religiosos, enquanto as seitas esotéricas ocupavam-se com rituais semimágicos destinados à obtenção de benefícios concretos. Esses rituais requeriam altares decorados em estilos particulares para cerimônias diferentes, e considerações práticas ditaram que o ícone central fosse pintura na maioria dos casos. Os dois principais tipos de pintura eram o mandala — uma tentativa de dar forma visual a conceitos cosmológicos intricados e obscuros —, e aquele dos seres de aspecto feroz e irado que, na maioria, eram protetores da fé.

Esculturas e pinturas possuem um novo volume e irrealidade; estas não pretendem ser impressivas tanto pelo tamanho ou naturalidade quanto pela grandiosidade. A escultura revela uma nova atitude em relação à divindade em forma humana. A solenidade dos deuses é demonstrada numa nova estrutura maciça e numa desproporção de partes que somavam-se para a criação de formas bem menos acessíveis. Mas se as figuras parecem austeramente espirituais, elas, não obstante, são fascinantes devido a uma espécie de pesada sensualidade indiana — atraentes, mas, ainda assim, estrangeiras. Um senso de sobriedade distingue os deuses Jōgan daqueles mais vigorosos de Nara, e dos alegres e mais acessíveis deuses que haveriam de aparecer no Alto Heian. Indicando o começo de um gosto japonês, a escultura, que outrora havia sido modelada em muitas variedades de materiais, agora era feita, via de regra, de madeira.

MÉDIO HEIAN (SÉCULOS X—XI) — A família Fujiwara consolida seu domínio após ter conseguido livrar-se de seus inimigos e neutralizar seus opositores no governo, ficando com poucos competidores. Seu poder, embasado em vastas propriedades rurais, foi capaz de controlar a corte imperial e

INTRODUÇÃO

governar o país por meio de uma estrutura governamental amplamente simplificada. Sua influência na corte era assegurada por uma prática antiga — a de fornecer filhas como concubinas ou consortes ao imperador e a outros nobres. Esta prática resultou na inundação da corte imperial com a progênie Fujiwara. Nela incluíam-se príncipes herdeiros que logo se coroariam imperadores. O avô, tio ou sogro, amiúde, tornou-se o efetivo dono do poder por trás do soberano titular, e também seu porta-voz. Afora os Fujiwara, outras grandes famílias que elevaram-se à proeminência no decorrer dos séculos xi—xii, Taira (ou Heike ou Heishi) e Minamoto (ou Genji), eram igualmente de nobre nascença, sendo de fato descendentes de filhos de imperadores.

Para os Fujiwara era mais vantajoso fazer imperadores do que serem eles mesmos. O sistema de regência (*sesshō*) por eles inventado era o caminho para manter seu poder. A posição foi posteriormente oficializada e assim permaneceu até os tempos modernos. O regente era designado enquanto o imperador era muito jovem para governar; depois, era designado administrador quando o imperador atingia a maioridade; e, finalmente, assumia o cargo de primeiro-ministro e chefe do Supremo Conselho. Naqueles tempos, breves reinados estavam na ordem do dia, com o imperador abdicando, frequentemente, numa idade pouco acima dos trinta anos. Um atoleiro cerimonial estorvava as outras atividades do imperador e restringia sua dedicação aos assuntos políticos; nessas condições abdicar era-lhe vantajoso, como veremos adiante.

O controle dos Fujiwara era fraco na periferia do império, particularmente no norte, onde guerreiros japoneses, que derrotaram os Ainus, transformavam as áreas incultas em propriedades rurais. Inevitavelmente, desenvolveu-se um conflito entre os pioneiros, que formaram exércitos particulares para ampliar e defender suas terras, e os absenteístas nobres senhorios, que permaneciam na capital. Com o tempo, os Fujiwara

NISSIM COHEN

foram também enfraquecidos pelos monges que controlavam grandes propriedades e pelos monges-guerreiros que lhes davam proteção.

Em raras ocasiões, as mulheres Fujiwara falhavam em dar à luz filhos, e era um imperador de mente independente e seu sucessor que exploravam a situação, usando suas prerrogativas para assumir o controle do governo. O imperador Go-Sanjō (Go significa Sanjō II) (1068—1072) não tinha mãe Fujiwara. Ele adotou uma atitude forte com relação às imensas fazendas, compelindo seus proprietários a mostrar e provar a legitimidade de seus títulos. Seu filho, o imperador Shirakawa (1072—1086), que ascendeu ao trono aos dez anos, seguiu a política do pai de exercer o poder, e pressionou por maior controle imperial das terras.

O fim da dominação dos regentes Fujiwara e de suas mulheres foi apressado quando o imperador Shirakawa abdicou em 1086, aos 33 anos, tornou-se monge e manteve um secretariado no mosteiro para onde se retirara, dando início a esta peculiar situação japonesa de "governo enclausurado" (*insei*). Tendo no trono um imperador-títere, seu filho de nove anos, livre dos excessivos encargos cerimoniais e protegido das intrigas palacianas, ele podia governar mais efetivamente a partir do seu claustro clerical — e governou assim por mais 43 anos. Inevitavelmente, com o correr do tempo, surgiu uma múltipla corrida de interesses entre o ex-imperador, o imperador, o regente Fujiwara e vários outros imperadores reformados ainda vivos. Não todos os imperadores, porém, tomavam a tonsura.

O imperador Shirakawa tinha grande predileção pela construção de templos, e o suporte financeiro para isso vinha da venda de cargos de governador provinciano — inicialmente, por tempo prefixado, depois, vitalício. Assim que isso se tornou hereditário, o sistema feudal teve início.

Como uma era de luxo e esplendor, grandemente centralizada na capital Heian, este foi um tempo de pensamento sen-

INTRODUÇÃO

timental mais do que de profundidade. Em religião, serviços especiais eram executados para benefícios materiais: para a vinda da chuva, para facilidade no parto ou para evitar calamidades. O ritual, caro e colorido, estava pronto para cada ocasião; este se conformava aos tempos. Visões e medos supersticiosos dominavam o pensamento. As catástrofes que se seguiram à morte do estadista Sugawara no Michizane, em 903, foram interpretadas como os maus portentos do seu irritado fantasma. Os pensamentos dos homens estavam também perturbados pela crença no Fim da Lei (*Mappō*). De acordo com a doutrina comum a todas as seitas budistas japonesas, dois mil anos após o passamento de Xaquiamúni Buda, o mundo entraria num período de quinhentos anos de degeneração, após o qual ele seria destruído. O receio era de que em 1052, data de aniversário da morte de Xaquiamúni, o "poder de Buda cessasse de se manifestar". O fato de as condições políticas e econômicas estarem evoluindo de mal para pior, sem dúvida deu credibilidade à teoria budista, e esta ganhou rapidamente aceitação em grandes círculos.

ARTES E LITERATURA — Durante esse período ocorreu grande florescimento de uma cultura refinada na corte imperial dominada pelos Fujiwara. A aristocracia tornou-se o juiz cultural da época. Um dos fatores vitais na história da arte japonesa é a conexão que se desenvolveu entre esta classe de nobres e o novo budismo. A vida levada por esses nobres estava envolta numa aura de graça e beleza; a descoberta, o cultivo e a criação do belo parece ter sido a preocupação dos cortesãos — um processo, porém, tingido de tristeza, conscientes que estavam de que esta beleza, a exemplo da própria vida, era transiente. Na sua própria elegância, esta vida continha as sementes do declínio. Como os contatos com a China foram interrompidos, gostos distintivamente japoneses surgiram nas artes. Particularmente notáveis foram os esforços literários de algumas damas da corte; o surgimento desse tipo

NISSIM COHEN

de literatura popular era encorajado, porquanto as mulheres escreviam no vernáculo enquanto os homens se atinham ao tradicional estilo chinês de escrita.

A concentração da riqueza nas mãos de poucos, a rigidez da vida ao redor da corte e a geral aceitação das ideias tradicionais produziram uma arte que era, ao mesmo tempo, pródiga, formal e homogênea. Os grandes monumentos desse período de florescência cultural são as grandes coleções imperiais de poesia nativa (*chokusenshū*), as magníficas pinturas em rolos, e os famosos romances *O conto de Genji* (*Genji Monogatari*) (1008—1020) de Murasaki Shikibu e o *Livro do travesseiro* (*Makura no Sōshi*) (1002) de Sei Shōnagon, que refletem a vida cortesã da época e as preocupações estéticas da aristocracia Heian. Nestas obras percebemos expressões elegantes da paixão Heian pelo refinamento estético e o primeiro claro indício dos clássicos cânones do gosto japonês, que inspiraram e guiaram o posterior desenvolvimento de uma tradição artística distinta e altamente prestigiada.

Os romances das damas da corte indicavam tanto a posição influente da mulher quanto a popularidade da literatura na língua nativa, diferente do mais erudito e afetado estilo de escrever chinês. Neste tempo, a vida da classe superior parece ter sido artificial, requintada e super-sensibilizada.

BUDISMO (IV) — Um exame acurado da história do budismo japonês, mostrará que as várias seitas não representaram estágios sucessivos no desenvolvimento da religião. Ao invés de seguir um padrão regular de ascensão, florescimento, declínio e extinção, a maioria das seitas continuaram a existir após um período de glória, com ocasionais reflorescimentos, até a modernidade.

Os ensinamentos esotéricos não negavam a importância deste mundo e da felicidade nesta vida. De acordo com xingón, pela correta execução dos mistérios, benefícios

INTRODUÇÃO

materiais poderiam, de imediato, ser obtidos; contudo, a esperança de assegurar vantagens práticas através da intermediação de um adepto em fórmulas mágicas, levou, com o tempo, a muitos excessos supersticiosos. O sincretismo do xingón habilitava-o a prontas combinações com outras crenças, inclusive não-budistas; e seu espaçoso panteão sempre podia acolher um novo deus.

Quando, porém, as centenas de deuses que habitavam suas mandalas mostraram-se demais até para os japoneses politeístas, seu número foi gradualmente reduzido a treze objetos selecionados de culto. No Alto Heian, dois dentre eles vieram a ocupar uma posição especial na vida religiosa do Japão: Kannon (Avalokiteshvara), um dos Bodisatvas atendentes de Amida, que era venerado como a Deusa da Compaixão (embora fosse um deus masculino na Índia), e Fūdo (Achala) (Imóvel em japonês; uma forma de Dainichi), um deus feroz aparentemente de origem indiana, embora não fosse nem um Buda, nem um Bodisatva. Enquanto Kannon era popular junto a todas as classes, incluindo a família imperial, o Fūdo ganhou a graça da ressurgente classe guerreira por representar o macho, talvez identificando-se com ele por se considerarem os guardiões do Estado em face da desordem.

Com o tempo, cisão nas fileiras do esoterismo Tendai levou ao surgimento de novas facções e, com isso, a alguns dos menos atraentes episódios da história do budismo japonês. A luta pela supremacia entre os seguidores de Ennin (794—864), o 3º monge-chefe do templo de Monte Hiei, e os seguidores de Enchin (814—891), um sobrinho de Kūkai, que havia fundado um centro independente de estudos em Miidera e fora o sucessor de Ennin no Monte Hiei, acirrou-se a partir de 933 e fora uma das tônicas desse período. A partir de 1081 e pelos três séculos seguintes, Miidera foi queimada oito vezes pelos violentos monges de Hiei, e reconstruída a cada vez pelos resolutos monges seguidores de Enchin.

O surgimento dos monges-guerreiros fora um aspecto proeminente do budismo medieval. Sua licenciosidade e desrespeito à lei estava no seu auge durante os reinados do imperador Shirakawa (1072—1086) e seus imediatos sucessores. Cada vez que os monges tinham alguma reivindicação a fazer, eles marchavam aos milhares sobre a capital, carregando os sagrados palanquins do deus xintoísta Sannō, o deus guardião do Monte Hiei; a reverência aos palanquins era tamanha que chegava a paralisar qualquer reação por parte das autoridades. A primeira descida desse tipo ocorreu em 1095, e quase cada um dos trinta ou quarenta anos seguintes testemunhou uma tal visita ou dos monges-guerreiros Tendai ou daqueles da seita Hossō do Kōfuku-ji, em Nara, que periodicamente ingressavam na capital tempestuosamente, carregando a sagrada árvore do Templo Kasuga (xintó). Batalhas frequentes entre estas duas facções perturbou a paz na capital durante um século, a partir do reinado de Shirakawa.

A par desta guerra mortífera, à medida do passar do tempo, várias heresias ganhavam atualidade, o que tendia a trazer descrédito a todo o budismo esotérico. Malgrado as seitas esotéricas terem sido mais compatíveis com os desejos religiosos da sociedade japonesa do que as seitas filosóficas de Nara, não obstante, faltava-lhes aquele apelo caloroso ao coração do homem que normalmente se associa com as grandes religiões do mundo. Ademais, elas estavam marcadas por duas inconveniências: não eram de todo acessíveis às mulheres, desde que seus fundadores proibiram terminantemente o acesso aos templos sagrados de Hiei e Kōya às mulheres; e, não obstante suas visões igualitárias, na prática haviam feito concessões à organização social, mormente da corte, que estava rigidamente estruturada numa hierarquia de status e graduações.

Cedo ou tarde, estavam destinadas a ceder lugar a um novo tipo de budismo. A era, que acreditava enfrentar um declínio no poder de Buda, requeria um caminho mais fácil

INTRODUÇÃO

para a salvação do que a metafísica árdua do xingón ou as práticas estritamente meditativas do Tendai. Surgiram doutrinas especiais acerca da graça salvadora do Amida Buda. Na verdade, o culto a Amida já existia havia alguns séculos; no entanto, esta foi a primeira vez que seus seguidores se organizavam em seitas separadas.

O culto ao Amida fora tremendamente popular na China durante séculos. Amida (em sânscrito, *Amitābha*), o Buda do Paraíso Ocidental ou "Terra Pura", o Buda da Infinita Luz, era uma encarnação de Buda que outrora havia feito votos para salvar todos os seres. Ennin, ao voltar da China em 847, introduziu a invocação do nome de Buda (*nembutsu*) que havia ouvido lá, e mandou construir uma sala especial para isto. Mas esse culto para ele era apenas secundário. Foi a partir do século x que o amidismo receberia uma firme base intelectual e prática pelos monges do Tendai, e iria mudar gradualmente seu significado, de meditação sobre o nome de Amida para uma repetição fervorosa do nome.

O surgimento do Budismo de Terra Pura (Jōdo) deveu-se a alguns monges que sentiram a necessidade de levar a fé ao homem comum, incluindo as mulheres. Kūya (903—972), um monge do Monte Hiei, era um destes. A meditação sobre Amida Buda, aceita há tempos como ajuda à vida religiosa, ele promoveu como devoção pedestre. Com zelo evangélico, perambulou e pregou por todo o Japão, dançando nas ruas e chamando pelo nome de Amida. As pessoas se juntavam a ele na dança e cantavam a invocação salvadora de *Namu Amida Butsu* (por contração, *nembutsu*). Ele também construiu estradas e pontes para ajudar o povo.

Alguém poderia ingressar na Terra Pura, após a morte, por meio de genuínos esforços para acreditar em Amida; ali, cada um era designado a um dos nove níveis relativos ao grau de virtude atingido neste mundo. Esta doutrina foi aceita por todas as classes sociais após o credo ter sido reduzido ao ritual de *nembutsu*, mas não antes de ter recebido a forma doutrinal na tese de Ryōgen (912—985) em 960: "Renascimento das Nove Classes de Crentes no Paraíso de Amida". Genshin ou Eshin Sōzu (942—1017) tinha visões beatíficas. Em 984, escreveu o livro *Nascimento na terra da pureza* (*Ōjō-yōshū*) no qual ele diz que o estado de bem-aventurança poderia ser alcançado pelo "único portão do *nembutsu*", isto é, pela repetição do nome de Buda devotamente.

Outro monge Tendai, Ryōnin (1072—1132) costumava recitar o *nembutsu* até sessenta mil vezes por dia. Ele propagava a invocação por meio de canções populares e produziu o "*nembutsu* circulante ou em comunhão" (*Yūzū nembutsu*): Se um homem invoca o nome de Amida, isto beneficiará todos os homens; um homem poderá compartilhar as invocações de todos os outros.

As esculturas do período Heian foram profundamente afetadas por estes ensinamentos. A severidade do estilo Jōgan logo desapareceu ante o assédio das novas ideias de afabilidade e compaixão, bem como de encanto e esplendor. A ideia de imagens repetitivas, cuja virtude residia na sua mera multiplicidade, era uma das práticas religiosas formais da época. Para fazê-las, blocos de madeira eram cortados e impressos. Embora o processo de impressão de blocos remonte ao período Nara, este agora era usado para fazer imagens sagradas. Entre os exemplos mais antigos estão folhas de papel com imagens em tinta, de Amida, que foram encontradas dentro de esculturas no templo de Jōruri-ji, e que, provavelmente, datam de 1047.

ESBOÇO BIOGRÁFICO
(ALTO HEIAN, SÉCULO XII)

1118. Nasce Satō Norikiyo (Saigyō) de família de samurais originária de um sub-ramo do poderoso clã Fujiwara. Filho de um oficial dos guardas dos Portões Imperiais — que protege a família imperial e os mais graduados cortesãos —

INTRODUÇÃO

nada se sabe acerca de sua infância. Quando jovem, segue, inicialmente, a carreira militar. Cedo constrói a reputação de exímio cavaleiro, esgrimista e jogador de bola. Como todo homem ligado à corte, tenta a mão em poesia. O estímulo para isso lhe vem quando é introduzido na Casa dos Tokudaiji, cujos dois principais membros masculinos haviam servido em várias ocasiões como ministros de Estado. Esta casa, frequentada pelos melhores poetas da época e local de concursos poéticos, era certamente o lugar onde o jovem Norikiyo poderia aguçar suas habilidades em versificação. Contudo, neste momento da sua vida, ele é reconhecido mais pelas suas aptidões militares do que pelas de versificador. Vivendo no seio da aristocracia e testemunhando as intrigas palacianas, Saigyō parece ser paulatinamente dominado e oprimido por um senso de desastre iminente, que efetivamente iria ocorrer à medida que a brilhante vida na corte nesta época mudava para uma de guerras civis.

Subitamente, aos 23 anos de idade (1141), ele apresenta uma petição ao imperador Toba, solicitando permissão para deixar seu posto e abraçar a vida religiosa (p. 130). Assim, escolhendo a via de reclusão, deixa para trás uma vida que "embora tentando, dela não poderia se arrepender."

O que o levou a romper com a vida secular, é ainda motivo para especulações; ele mesmo não apresentou nenhuma razão, e as explanações das hagiografias medievais e dos modernos estudiosos não passam de teorizações. Seus exatos motivos permanecem um mistério. Contudo, dois dos sentimentos que devem ter pesado nesta sua decisão, ele os registra em alguns poemas: a apreensão das complicações de vida inerentes a este secular mundo, que "não fosse assim, alegremente nele serviria" (p. 111); e a convicção de que a salvação estava no abandono do "eu" que, no sentido búdico, implicava a busca de si mesmo, a volta ao estado natural do budado — o que, obviamente, só podia ser conseguido pela via religiosa (p. 117, 130). Tampouco sabemos se ele era

NISSIM COHEN

casado — embora a genealogia tenha sugerido ter tido ele um filho. O que sabemos ao certo são as alusões, nos seus poemas, a uma "certa pessoa" amada, do passado: encontro de namorados e anseios de amor, em poemas provavelmente escritos quando ainda vivia na corte (p. 95, 106, 114, 143); a despedida, quando "ela estampou seu rosto na face da Lua como recordação" (p. 136); poemas de uma mulher "abandonada no amor" (p. 119, 143); recordações do amor no passado (p. 109, 125) etc.

Ele larga seu nome secular, Norikiyo, e tenta vários nomes budistas antes de, finalmente, se fixar no de Saigyō, que significa "Ido-ao-Ocidente". Em vários de seus poemas alude, simbólica e miticamente, à sua aspiração de ir ao Ocidente, tal qual a Lua (ou, também, Paraíso Ocidental?), fazendo uso de seu nome num jogo de palavras (p. 100).

Inicialmente, é treinado no quietismo da seita Tendai; posteriormente, passa para a de Jōdo, com sua ênfase na fé pura como meio de salvação, e para os mistérios do xingón. Sua obra contém inúmeros poemas "religiosos" (por exemplo, p. 100, 117, 121). Leva a vida viajando — alternando longos períodos de autoprivação intencional em selecionados sítios isolados nas montanhas para a prática de austeridades budistas, com três prolongadas peregrinações a áreas muito remotas, e com outras viagens mais curtas e retornos ocasionais à capital Quioto, para participar de cerimônias imperiais. A poesia dos primeiros anos da vida de monge retrata o conflito contínuo entre aquela parte de sua personalidade ainda apegada ao mundo, e a outra que se esforça por obter o desapego bem como aperfeiçoar as possibilidades de aprofundamento da sua visão poética. Inquieto (p. 81), observa surpreso a sobrevivência de antigas paixões no seu coração (p. 82, 84); a solidão que lhe pesa (p. 105, 147) e o faz ansiar por companhia (p. 127, 135), aprofunda sua tristeza e melancolia (p. 88, 106, 146) de cuja posse, no entanto, não deseja se desfazer (p. 84). Não deixa de observar a ironia da

INTRODUÇÃO

vida (p. 152), e seu amor às flores e à lua (p. 87, 120, 124, 125) está tingido de uma sinceridade raramente encontrada na poesia da corte. Os longos anos vividos no seio da natureza criam uma "empatia" de parte a parte (p. 90, 124, 128).

Em 1147, começa seu primeiro grande empreendimento — a longa viagem ao extremo norte do país. Durante essa viagem, ele escreve o poema "Assim, então…" (p. 130) que haverá de aparecer anonimamente na sexta antologia imperial *Shika-shū*, publicada em 1151 por ordem do imperador Sutoku. Ao longo do caminho, ele para no túmulo do poeta Sanekata e dá seu testemunho patético e melancólico do ingrato destino humano (p. 155). No decorrer da sua vida, Saigyō escreverá poemas que são reações diretas aos acontecimentos da época. Entre outros, ele se opõe à visão prevalecente de que coisas ruins estavam ocorrendo porque o mundo havia ingressado numa época em que os ensinamentos budistas estavam em eclipse (p. 101).

A classe guerreira (*bushi* ou *samurai*), sempre crescendo em poder, movimenta-se para o centro do palco político, quando contendas pelo poder entre várias facções na capital, resultam em chamadas de ajuda militar às províncias. O conflito entre o clã Minamoto (ou Genji), apoiado pelo Fujiwara, e o Taira (ou Heike), se prolongará por quase cinquenta anos. O Fujiwara contava sempre com as famílias provincianas estabelecidas para manter a ordem, transferindo suas alianças conforme a balança pendesse para este ou aquele lado. Muitos dos senhorios locais tinha sangue imperial; os Minamotos, por exemplo, eram descendentes de um filho do imperador Seiwa, enquanto que os Tairas traçavam sua gênese ultimamente a um filho do imperador Kammu.

Agora, a posição do Fujiwara torna-se claramente insustentável — não é mais capaz de manter a paz entre as famílias regionais. Sente-se também uma deterioração geral na cultura, acompanhando o declínio da família que lhe fora o

NISSIM COHEN

principal incentivador e apoiador. Rebeliões esporádicas são resolvidas, mas o conflito de 1156 marcará o início do ocaso tanto do domínio político Fujiwara quanto do sistema de governo enclaustrado.

1156. O imperador reformado Toba tenta entronizar seu quarto filho como Go-Shirakawa, substituindo seu primogênito Konoe, atual imperador. Nesse instante, Toba morre, e a guerra civil Hōgen, sobre a sucessão do imperador Konoe, irrompe. A batalha é travada entre os partidários Minamoto do ex-imperador Sutoku, terceiro filho de Toba, e os partidários Taira do Go-Shirakawa, pretendente ao trono. Os Tairas vencem e tratam duramente a oposição Minamoto. O líder do clã Minamoto, Tameyoshi, e seu filho Yoshitomo, caem prisioneiros. Go-Shirakawa ordena que o filho decapite seu próprio pai. Ao se recusar a obedecer, um criado Minamoto, declarando que seria um insulto a um Minamoto ser executado por um Taira, decapita Tameyoshi e em seguida suicida-se. O ex-imperador Sutoku é exilado a uma remota região do país. Kiyomori, chefe do clã Taira, sai fortalecido do episódio. Go-Shirakawa é entronado e governa até 1158, quando abdica para governar como imperador reformado até 1192; durante esse período, ele haverá de colocar no trono dois filhos e três netos.

1159. Os conflitos aumentam em intensidade e brutalidade à medida que o poder do governo declina. As forças combinadas de Fujiwara e Minamoto lideram uma insurreição que resulta na guerra Heiji. Esta começa com um dos episódios mais dramáticos da história japonesa — um complô planejado pelo Minamoto Yoshitomo, que aguardava o momento de vingar a morte do pai; para isso conta com a ajuda de um nobre Fujiwara, Nobuyori, que, na ocasião, é chefe da polícia palaciana. Na calada da noite, Nobuyori abre os portões orientais do palácio ao Yoshitomo e seus guerreiros; o ex-imperador Go-Shirakawa, a imperatriz-mãe e o jovem imperador Nijo são sequestrados. Tão logo a família

INTRODUÇÃO

imperial é retirada, Yoshitomo ordena que o palácio seja incendiado no momento em que partidários dos Tairas tentam entrar pelo portão leste. Poucos dias depois, o jovem imperador Nijo consegue fugir de seu cativeiro sob o disfarce de menina. Na guerra que segue, Nobuyori (1159) e Yoshitomo (1160) são derrotados e mortos pelos Tairas. Um dos comandantes da insurreição, Minamoto Yoritomo, — ironia da história! — é poupado; ele é exilado para Izu, onde passa a viver sob a vigilância de um vassalo Taira, cuja filha irá desposar mais tarde. Lá ele trabalha discretamente, aglutinando partidários e aguardando uma oportunidade para enriquecer as glórias da família.

Taira Kiyomori torna-se primeiro ministro e mostra habilidade política, crueldade e muita engenhosidade. Embora possua poderes para introduzir mudanças políticas, ele não se mostra inclinado a isso; ao contrário, emula muitas das técnicas anteriormente usadas pelo Fujiwara. Dá em casamento filhas aos Fujiwaras e à família imperial. Embora mantenham estreito relacionamento, Kiyomori e Go-Shirakawa desconfiam um do outro; finalmente, Kiyomori restringe as ações do ex-imperador a tal ponto que o sistema de governo enclaustrado ou reformado chega ao fim. As conspirações Kiyomori enfrenta com crueldade, não hesitando em adotar a penalidade de morte que havia caído em desuso anteriormente. Ele não titubeia em mostrar mão firme mesmo contra os monges-guerreiros, tão temidos numa sociedade crédula e supersticiosa como a japonesa da época. Os partidários Taira estão em posição forte, porém sua força está embasada apenas nos produtos e comércio da área marítima interiorana. Em outras regiões, a pequena nobreza mostra-se cada vez mais irrequieta e descontente com a divisão dos espólios feitos, e sua lealdade torna-se duvidosa. A extrema arrogância demonstrada pelos Tairas levanta tamanha hostilidade que alguns antigos aliados viram-se contra eles.

1165. Os monges de Hiei queimam o templo Kiyomizu-

NISSIM COHEN

-dara, a praça forte da seita Hossō em Quioto, e os monges Hossō fracassam na sua tentativa de revide — queimar o Enryaku-ji.

1168. Saigyō, agora com 51 anos de idade, sai para sua segunda peregrinação, desta feita à ilha Shikoku; visita o túmulo do exilado imperador Sutoku em Sanuki (p. 111), e locais sagrados à memória de Kūkai, o santo religioso budista muito admirado por Saigyō (p. 99, 113). Ao atravessar o mar, observa a vida dos mergulhadores e pescadores, e escreve poemas acerca das suas atividades (p. 145) — algo absolutamente impensável entre os poetas da corte. Seus poemas expressam, assim, um novo espírito, diferente da poesia amorosa da corte Heian, que mal tinha a dizer qualquer palavra sobre as massas. Durante algum tempo, conta com a companhia de outro peregrino, o monge Saijū, ao qual se liga com forte sentimento de amor fraternal (p. 98, 108). Observa a decadência na poesia (p. 141) e declara sua confissão de fé na Poética (p. 131).

O governo Taira dura pouco. Nesse ínterim, a nação vê espavorida a sucessão de desastres que se abatem sobre si — fogo, pestilência, fome, guerras, terremotos. A impressão que se tem é a de que o país irá se converter num gigantesco cemitério. A terra parecia clamar aos céus. Surge em cena o monge Hōnen Shōnin (ou Enkō Daishi) (1133—1212) que estabelece a seita budista Jōdo-shū (Terra Pura) (1175). Ele oferece um simples remédio para a angústia que vê por toda parte. Ele ensina que o mundo havia entrado nos seus últimos dias de degeneração e que os homens não poderiam esperar a salvação pelos seus próprios esforços. Somente implorando ajuda ao Amida seria possível renascer no Paraíso Ocidental após a morte. Tudo o que é necessário é invocar o Amida, com fé nos seus poderes salvadores, com a única frase *Namu Amida Butsu* (*nembutsu*). Qualquer um podia entender e praticar este tipo de budismo. O camponês recebe agora a

INTRODUÇÃO

oportunidade de salvação igual ou superior ao monge; não mais se torna necessário o estudo dos textos budistas.

A um povo vivendo num mundo dilacerado por desordens, faz sentido um tal ensinamento; este é avidamente aceito por pessoas de todas as classes sociais sem, no entanto, prescindir dos deuses xintoístas cuja ajuda ainda se fazia necessária no dia a dia, já que Amida não prometia nada para esta vida. Assim ocorre naturalmente que as duas religiões, tão contraditórias nas suas doutrinas, venham simultaneamente a ser aceitas pelo povo japonês, que nelas encontra ajuda divina até os dias de hoje.

1180. Um príncipe imperial emite um mandato ao Minamoto para golpear Taira. Inicia-se a Guerra Gempei (1180—1185), a mais cruel e sangrenta de todas. O levante tentado em Quioto falha; ocorre uma das maiores tragédias: o comandante Taira, Shigehira, invade, saqueia e destrói os famosos templos de Tōdai-ji e Kōfuku-ji em Nara (os Tairas são tradicionais xintoístas).

Saigyō muda-se para Ise, o mais sagrado sítio do xintó. "Não sei se qualquer ser está presente aqui,/Contudo em tremor sagrado minhas lágrimas/derramam-se aos borbotões". Este é um tempo em que as mais amargas e devastadoras batalhas entre os Tairas e os Minamotos estão sendo travadas. Neste mesmo ano, Kiyomori subitamente retira o governo e a família imperial de Heian-kyō. Saigyō reage a isso contrastando as vicissitudes de uma cidade-capital com a sempre reluzente Lua (p. 151). A tragédia da guerra o comove fundo, e o poema que escreve, não menos comovente, é obra-prima pela concisão simbólica e descrição trágica feitas com poucas pinceladas por um verdadeiro mestre (p. 122). (Inevitavelmente, isso nos evoca as águas-fortes "Los Desastres de la Guerra", de Goya). Observa a impermanência da vida (p. 79, 115), e toma nota da serenidade e claridade que permeiam sua mente (p. 97, 100, 117), e das paixões sem rumo de outrora

NISSIM COHEN

que são levadas tal qual os filetes de fumaça do Fuji levados | **45**
pelo vento (p. 132).

Minamoto Yoritomo sai de seu isolamento em Izu, usa o mandato como justificativa para incursões militares. A despeito de reveses iniciais, está sendo capaz de ganhar paulatinamente apoio entre os vassalos no oeste. Morre Taira Kiyomori (1181). Yoritomo mantém seu quartel-general na aldeia de pescadores Kamakura, onde sua família possui terras. Ele deixa as batalhas campestres a cargo do seu irmão mais jovem Yoshitsune e do seu primo Yoshinaka. Estes colhem grandes vitórias e derrotam definitivamente os exércitos do Taira Shigehira em Ichinotami (1184), Yoshima (Shikoku) e, finalmente, em Dannoura (1185), numa grande batalha naval. Uma das embarcações Taira que vai a pique, leva junto o imperador-criança Antoku e seu séquito.

Estas célebres batalhas proveram material para romances militares (*gunki*) e dramas para os séculos seguintes. A obra-prima entre as histórias de guerra é o *Heike Monogatari* (*A história do Heike*) que, originalmente, parece ter sido a crônica da ascensão e queda da família Taira (Heike), e escrita por um nobre da corte em 1225. Antes de decorrido muito tempo, esta história estava sendo recitada por artistas que se faziam acompanhar ao biwa, espécie de alaúde. A disseminação da história por muitos executantes resultou numa variedade de textos, mas os temas principais são comuns a todos e refletem o tom sombrio da era medieval. *Heike Monogatari* abre com a célebre declaração:

No som do sino do Templo Gion ecoa a impermanência de todas as coisas. A pálida matiz das flores da teca demonstra a verdade de que aqueles que prosperam devam cair. Os soberbos não subsistem por muito tempo, mas desvanecem qual sonho duma noite de primavera. E os poderosos também perecerão no fim, tal como o pó diante do vento.

A obra termina com o sino dobrando em Jakkō-in, o

INTRODUÇÃO

minúsculo convento onde a outrora imperatriz, a mãe do garoto-imperador morto por afogamento, vive seus restantes anos sob o andrajoso hábito de uma monja.

Como a confiança não é um apanágio desta era, a natureza invejosa e suspeitosa de Yoritomo fê-lo acabar com os dois fiéis colaboradores ao término da guerra. O primo Yoshinaka foi abatido em Quioto, que ele havia conquistado. O último a ser caçado foi seu irmão Yoshitsune, cuja fuga melancólica com seu fiel criado Benkei terminou com seu suicídio, após terem sido encurralados no norte do Japão. (Ele tornou-se um dos maiores heróis japoneses, e Benkei foi imortalizado como um modelo de lealdade, coragem e engenhosidade).

Minamoto Yoritomo é, por instinto, conservador e cauteloso. Não usurpa os direitos dos outros e mantém as suas posses e privilégios. Mostra grande respeito ao trono e ao ex-imperador Go-Shirakawa, seu antigo inimigo, e é somente com a morte deste último (1192) que Yoritomo recebe o cobiçado título de *sei-i-tai-shōgun*, e assim torna-se ele o primeiro xogum na história e inicia a linhagem dos senhorios feudais hereditários que, efetivamente, terão em mãos o governo político até 1867.

1187. Saigyō está agora com 69 anos; seus poemas desta época madura estão imbuídos de um senso tanto de uma morte iminente quanto da surpresa de ainda continuar vivo — uma maravilha e uma compostura (p. 133). Faz votos de morrer à sombra de árvores florescentes (p. 148) e pede oferendas de flores de cerejeira caso alguém fosse lamentá-lo ao morrer. Viaja de novo ao noroeste. A caminho, passa pela nova capital Kamakura e tem ocasião de encontrar-se com Yoritomo, o homem forte do país. O *Azuma Kagami* (*Espelho do Oeste*), um registro histórico compilado no século seguinte, provê uma descrição do encontro entre o velho monge e o notoriamente desconfiado Yoritomo. Eis o que conta o registro:

NISSIM COHEN

Aconteceu de Yoritomo avistar um idoso monge no santuário local e, ao inquirir de quem se tratava, soube que era ele um antigo oficial da Guarda Imperial que se tornara um monge budista. O ditador, então, convidou Saigyō a visitá-lo na sua mansão. Quando Saigyō chegou, este foi solicitado a discutir o "caminho da poesia" e também as artes do arco e flecha e da cavalaria. A isto o velho respondeu:

"Quanto às habilidades com arco e cavalos, houve um tempo — a saber, enquanto eu ainda estava na vida secular — quando eu mui imperfeitamente lidava com estas e assim continuava as tradições da minha família. Mas durante o oitavo mês do terceiro ano da era Heian, eu me desencantei com a vida na sociedade. Quando isso aconteceu, todas essas perícias militares que me foram legadas — dado que eu era o herdeiro direto do Ason no Hidesato na nona geração — foram destruídas e perdidas para sempre. Mau carma no meu passado levou a esta situação. Hoje, no âmago do meu espírito nada destas antigas coisas permanece; tudo caiu no olvido. Quanto a escrever poesia, isso nada mais é do que ajuntar 31 sílabas quando emocionalmente excitado pela vista de uma flor ou da Lua. Não sei coisa alguma das assim chamadas 'profundezas' na composição de versos. Dado que esta é a situação, seria fora de propósito para mim querer dizer algo mais sobre estas coisas."[6]

Mas, o registro continua, contando que Saigyō, malgrado tudo, conversou com Yoritomo acerca das artes da poesia, do arco e flecha e da cavalaria, varando a noite. No dia seguinte, ao se despedir, recebeu do militar como presente um valioso gato de prata. Ao sair da mansão, deu com uma criança brincando do lado de fora do portão; colocou o gato nas mãos da criança e, sob os olhares espantados desta, desapareceu na estrada poeirenta.

LÍNGUA E LITERATURA

Não se pode negar o enorme papel desempenhado pela China no desenvolvimento da civilização japonesa. O método de

---

[6]William R. LaFleur. *Mirror for the Moon — A Selection of Poems by Saigyō*. New York: New Directions Book, 1978, p. XXIII.

INTRODUÇÃO

escrita, a filosofia, boa parte da religião, e certos gêneros literários tiveram sua origem na China, e os japoneses sempre confessaram a sua admiração pela cultura mais antiga. Em que pese isso, com exceção de alguns curtos períodos de empréstimos indiscriminados, tudo o que o Japão tomou à China fora filtrado através do temperamento japonês, basicamente diferente, e fora consideravelmente modificado.

De acordo com D. Keene, o Japão tem sido muito mais do que um modificador hábil da civilização chinesa. No campo da literatura, a poesia japonesa é de muitas maneiras diferente da chinesa; os japoneses estavam escrevendo romances de incomparável magnitude e beleza séculos antes dos chineses; e o teatro japonês, de longe superando o chinês, enfileira-se entre as grandes realizações dramáticas do mundo.

Não admira que as literaturas chinesa e japonesa sejam tão dissimilares, porquanto as duas línguas são inteiramente diferentes. O chinês é uma língua monossilábica com tons musicais a distinguir as muitas sílabas idênticas. Pelo menos na sua forma clássica, o chinês é uma língua de grande compacidade. O japonês, de outro lado, é polissilábica e não tem tons tal qual o chinês. [...] Embora a língua japonesa tenha mudado muito ao longo dos séculos — particularmente o seu sistema de escrita —, certos princípios gerais aplicam-se à maior parte da tradição poética. O japonês é uma língua aglutinadora que enfia juntos breves elementos semânticos para criar formações de palavras longas e, com frequência, muito complexas. Os verbos japoneses são altamente flexionados pela adição de sufixos que expressam variações no estado de espírito e probabilidade no que concerne à ação. Uma singular forma verbal pode ocupar uma unidade inteira de cinco ou sete sílabas. Adicionalmente, a língua emprega um certo número de partículas emotivas usadas para variar o tom e reforçar o poder exclamativo de uma declaração. O resultado é uma sintaxe fluente que, embora imprecisa às vezes no que tange ao significado, é capaz de expressar sutis variações de emoção. [...]

Conquanto os poemas japoneses mais antigos que conhecemos, aqueles conservados numa obra do início do século VIII, tenham

NISSIM COHEN

linhas de comprimento irregular, a preferência por linhas alternadas de cinco e sete sílabas cedo cristalizou-se entre os poetas japoneses, e isto eventualmente tornou-se o ritmo básico da língua, encontrado não só em poesia mas em quase todo tipo de composição literária. [...] O sistema de sons da língua japonesa é muito simples. Quase todas as sílabas da língua, ao serem representadas num alfabeto ocidental, consistem de uma consoante seguida de uma vogal. Não existe acentos, cada sílaba sendo pronunciada com mais ou menos igual ênfase. Dado que todas as sílabas terminam em vogais, das quais só existem cinco, o rimar torna-se tão simples que é sem sentido; assim, rimas de terminação nunca adquiriram importância técnica na poesia japonesa [o que nela conta é a tonalidade de suas sílabas], e os regulamentos da prosódia reduzem-se a uma questão de contagem de sílabas. [...]

O número restrito de sons possíveis inevitavelmente ocasionou a existência de muitos homônimos na língua, e inumeráveis palavras contêm dentro de si outras palavras ou partes delas de significados completamente não relacionados. Por exemplo, a palavra *shiranami*, que significa "alvas ondas", ou esteira atrás de um barco, poderia sugerir a um japonês a palavra *shiranu*, que significa "desconhecido", ou *namida*, que significa "lágrimas". Assim teríamos misturadas uma na outra três ideias, e da combinação destas imagens um poema poderia surgir — um barco navega sobre alvas ondas com destino ignorado, uma dama observa em lágrimas a esteira do barco do amado. De uma tal multiplicidade de assossiação de palavras evoluiu o *kakekotoba*, "palavra-pivô", uma das característica mais distintas do verso japonês. A função da "palavra-pivô" é ligar duas imagens diferentes pelo deslocamento no seu próprio significado, e ela demonstra uma característica saliente da língua, a compressão de muitas imagens num pequeno espaço, usualmente por meio de trocadilhos que expandem as tonalidades sugestivas das palavras.[7]

Mas, desta descrição, não se pode inferir ser toda poesia japonesa complicada na sua expressão. Existem relativamente um bom número de poemas escritos sem rodeios, e muitos poetas denunciaram a artificialidade da poesia de seu tempo e insistiram nas virtudes da simples sinceridade. Mas simplicidade e singela expressão não

---

[7] Para uma definição e exemplos de uso do *kakekotoba*, veja G. Wakisaka, *Man'yōshū*, pp. 129—132.

INTRODUÇÃO

parecem ser as verdadeiras características da língua, que certamente é uma das mais sugestivas e vagas do mundo... Poderá ser visto que o efeito de sugerir um mundo inteiro por meio de uma imagem aguda necessariamente teria que ser restrito a formas de versificação curtas; e, de fato, é nestas formas de expressão que os japoneses se sobressaíram."[8]

Além das formas básicas de comprimento fixo usadas na poesia, outros recursos literários empregados incluem o paralelismo, epítetos convencionais prefixados a certos substantivos, duplo sentido ou harmonias, associação de palavras, variações alusivas sobre frases tomadas da poesia de épocas anteriores e assonâncias.

Ao longo dos séculos, a corte assumiu um crescente papel ativo no incentivo à produção poética e definição de cânones de gosto, e, por alguma razão ainda não compreendida plenamente, o verso *tanka* tornou-se a forma padrão da poesia palaciana. Concursos poéticos eram realizados e uma série de antologias foram compiladas por ordem imperial para preservar as melhores obras da época. Para os membros da aristocracia, a poesia tornou-se um empreendimento de intensa seriedade, um meio de atrair atenção ou melhorar a carreira, e ter um trabalho incluído numa antologia imperial poderia representar o coroamento de uma realização na vida.

Em adição às antologias imperiais, trabalhos de poetas individuais eram compilados, e escolas de poesia apareciam para ensinar aqueles que aspiravam ser poetas, frequentemente adotando ideais estéticos rivais e transmitindo segredos bem-guardados da arte. Poesia do tipo reconhecido nos círculos palacianos tornou-se assim menos uma forma espontânea de expressão do que o produto de longa prática

---

[8] Ray F. Downs, (org.). *Japan Yesterday and Today*. (The George School Readings on Developing Lands). New York: Bantam Pathfinder Editions, 1971, pp. 57—63.

NISSIM COHEN

e estudo cuidadoso das obras do passado — uma arte que somente as altas classes tinham o tempo para seguir.

Assim, embora qualquer um pudesse compor uma *waka*, ela não mereceria que lhe fosse dada qualquer atenção a menos que demonstrasse domínio das tradições poéticas do passado. Uma técnica fora desenvolvida que poderia ser caracterizada como "virtuosismo". Somente um número restrito de temas fora reconhecido como apropriado à poesia, e isto significava existirem inúmeros poemas compostos sobre assuntos populares, tais como flores de cerejeira e Lua outonal, amiúde com apenas uma ligeira mudança no palavreado ou imagens entre um poema e sua muito apreciada imitação um século mais tarde. Alguns temas populares tratados no *Man'yōshū*, foram posteriormente considerados indecorosos. Adicionalmente, a corte, como repositório dos ideais mais elevados da cultura, era também responsável pelo desenvolvimento de trabalhos literários em prosa e poesia escritos diretamente em chinês; e o Japão aprendeu muito nas esferas de modos de expressão linguístico e poético do seu vizinho continental.

O desenvolvimento destas sofisticadas tradições não significa, porém, que a poesia não tinha papel importante nas vidas das pessoas comuns. Em diversas antologias encontramos exemplos de poesia escrita por pessoas do povo; no entanto, por razões óbvias, esta era limitada em quantidade e escopo. Embora o *tanka*, nos períodos Heian e Medieval, e o *hokku* (haicai), no período Tokugawa, tenham se tornado as formas de poética dominantes, a poesia longa — conquanto restrita — também era praticada.

Dentro da tradição japonesa existe uma notável variedade de preocupações temáticas e artísticas; no entanto, permanece a sugestão de uma unidade implícita também, isto é, de um senso de coesão [...].

A primeira e mais óbvia fonte de unidade tem a ver com o íntimo relacionamento que os poetas de todas as épocas mantêm

INTRODUÇÃO

com manifestações e processos da natureza. Algum aspecto ou fenômeno do mundo natural, conforme testemunhado pelo poeta, frequentemente serve de núcleo para uma introvisão individual.[9]

Os propósitos literários por trás da observação de perto da natureza mudaram e se expandiram à medida que a tradição cresceu e tornou-se mais sofisticada. [Ainda assim, ao longo do tempo, a estética que usa a natureza como metáfora transcendental continuou sem interrupção.] No bonito *tanka* escrito pelo monge do século VIII Mansei, o mecanismo para criação de uma ponte linguística e espiritual da observação à abstração é construído com arte consumada:

A que compararei este mundo? A um barco que rema
ao largo pela manhã, não deixando traço atrás.

À medida que tais métodos tornaram-se requintados na segunda metade da Era Heian e na do Kamakura, eles foram definidos como qualidade ou virtude artística, *yūgen* — a representação do inefável ou do invisível, uma convocação do que está por baixo da superfície da natureza percebida. [Outra palavra estética que caracteriza a Era Heian e aplica-se aos seus produtos culturais é *miyabi*, que implica elegância cortesã, gosto decoroso, a faculdade inata dos nobres de evitar o feio, o impuro, o inapropriado.]

[...] Num tal esquema estético, a ênfase era sobre um relacionamento místico com a natureza por parte do poeta, uma aproximação que, aliada a uma técnica precisa, era considerada o melhor meio de atingir uma introvisão genuinamente poética. [Alguns poetas de primeira linha entenderam este princípio em toda sua plenitude, e ganhou a melhor expressão em] Matsuo Bashō, conforme anotado pelo seu discípulo Hattori Tohō em Sanzōchi:

"Aprenda sobre o pinheiro do pinheiro, aprenda acerca do bambu a partir do bambu" este dito do nosso instrutor significa que tu deves abandonar a subjetividade. Se tu interpretas "aprender" da tua maneira, acabarás em não aprender. "Aprender" aqui significa penetrar no objeto; então se sua essência se revelar e te comover, tu poderás talvez ter inspiração para um verso. Mesmo quando

---

[9] Mesmo obedecendo aos cânones prescritos, o talento individual, pelo uso que faz da observação íntima e genuinamente sentida, imporá a um bom poema seu centro emocional e acuidade de foco, como nos poemas de Saigyō.

NISSIM COHEN

parece tenhas tu descrito o objeto, a não ser que [tua descrição] contenha uma emoção que naturalmente se destaque, o objeto e teu eu permanecerão separados, e a emoção que tenhas descrito não atingirá sinceridade, porquanto esta terá sido de alguma maneira construída pela tua subjetividade.[10]

Os meios para atingir a união mística de emoção pessoal e habilidade literária receberam expressões clássicas ao longo dos séculos. As declarações e conselhos dos grandes poetas ajudaram a solidificar a tradição que permanece visível nas obras dos escritores japoneses modernos. A tradição da poética japonesa demonstra que esta possui figuras exponenciais que serviram de modelo às gerações posteriores.

A mais antiga literatura japonesa conhecida é o *Kojiki, Registro de antigas matérias* (712), e continha o primeiro exemplo da clássica forma de verso, o *tanka*. A antologia consistia de mitos e lendas entremeados com poemas.

Em 777, aparece a maior coleção de poesia japonesa, o *Man'yōshū, Coleção de dez mil folhas*, que continha uns 4500 poemas escritos por 450 poetas, a maioria dos quais por nobres que serviam na corte, mas há também poemas de soldados servindo na fronteira, camponeses e pescadores[11]. Esta antologia inclui *tanka*, *chōka* (poemas longos) e outras formas. Os assuntos vão desde elegias às mortes dos imperadores até casos de amor campesinos, e inclui muitos temas que poetas posteriores, com raras exceções, considerariam inapropriados. Estes desvios do que viria a ser o formato padrão das antologias cortesãs — uma coleção de *tankas* escrita por aristocratas sobre temas aprovados pelos árbitros do gosto poético — tudo contribui para a importância singular do *Man'yōshū*.

---

[10] Hiroaki Sato e Burton Watson. *From the Country of Eight Islands: An Anthology of Japanese Poetry.* Seattle: University of Washington Press, 1981, pp. XXXIX—XL.

[11] Veja G. Wakisaka, *Man'yôshû*, na Bibliografia.

INTRODUÇÃO

54

Estas duas antigas antologias ainda contêm versos que denotam elegância, vigor e nobreza, traços que raramente seriam igualados posteriormente no Japão.

Um desenvolvimento cultural importante ajudou a modelar a literatura do período Heian e posterior, a invenção do *kana*, o silabário japonês, atribuída ao monge Kūkai. *Kana* substituiu os métodos de escrita incômodos e confusos, até então vigentes, com uma transcrição fonética simples e precisa.

O *tanka*, especialmente, atingiu alto nível artístico, refletido na primeira obra literária importante composta na nova escrita, a coleção *Kokinshū*, *Poemas antigos e novos*, de 905, que consistia de 1111 poemas. O editor Kino Tsurayuki (868—916), também autor do *Tossa Nikki* (*Diário de Tosa*), no seu famoso prefácio anunciou os ideais da poesia japonesa em termos aceitos quase até hoje:

A poesia japonesa tem como sua semente o coração humano [...]. As atividades do homem são várias e qualquer coisa que eles vejam ou ouçam toca seus corações e é expresso em poesia. Ao ouvirmos as notas do rouxinol entre as inflorescências, ao ouvirmos a rã na água, acabamos por saber que cada criatura viva é capaz de cantar. Poesia, sem embargo algum, pode movimentar céus e terra, pode tocar os deuses e os espíritos... Ela aproxima os corações do homem e da mulher, um do outro, e ela amaina a alma do feroz guerreiro.

E sobre as ocasiões que inspiram os poetas:

Quando, numa manhã primaveril, eles vêem as dispersas inflorescências; quando ouvem o cair das folhas num entardecer outonal [...] quando eles são subitamente despertos para o pensar na brevidade da vida ao verem o orvalho sobre a relva e a espuma sobre a água.[12]

Essas circunstâncias são todas patéticas e comoventes, e a disposição de ânimo da resposta é quase sempre tingida

---

[12] Geoffrey Bownas e Anthony Thwaite (trad.). *The Penguin Book of Japanese Verse*. Harmondsworth: Penguin Books, 1977, p. LXI.

NISSIM COHEN

de um senso de pesar ou arrependimento, aceitação e melancolia. Aqui está a tristeza, a evanescente beleza na vida e na natureza, e a melancolia na reação emocional evocada por essa tristeza nas coisas. Há, ainda, a preocupação com o tempo e a passiva aceitação da mudança. De acordo com Hiroaki Sato,

Duzentos e cinquenta anos mais tarde, Saigyō aprofundou os conceitos de Tsurayuki e proveu possibilidades para um *páthos* mais profundo, ainda que os próprios poemas de Saigyō sobre a morte devam muito, no que concerne ao estilo e ao estado de espírito, aos modelos que ele encontrou no *Diário de Tosa*:

Os poetas do *Kokinshū* são, às vezes, acusados de terem injetado uma artificialidade na poesia japonesa que corrompeu a simples nobreza do *Man'yōshū*. Trocadilhos são facilmente inventados em japonês devido aos seus abundantes homônimos, e os poetas do *Kokinshū* frequentemente os empregaram, não somente como demonstração de virtuosismo mas, também, porque trocadilhos eram um meio de enriquecer o conteúdo dos *tankas*. Mais objetáveis são os rodeios e as presunções poéticas. Mas não era culpa dos poetas desta antologia se, posteriormente, as pessoas idolatraram de tal maneira seu trabalho a ponto de o tornarem o padrão absoluto com base no qual toda poesia deveria ser julgada.

O *Kokinshū* estabeleceu uma dicção poética obedecida pela maioria (Saigyō era uma das poucas exceções) dos poetas de *tanka* por quase mil anos. Este também determinou os estados de espírito prevalecentes e o conteúdo temático da poesia subsequente. Esta antologia divide-se em verso sazonal, versos congratulatórios, poesia acerca de despedida, viagem, amor, lamentação e assuntos variados. A importância da poesia sazonal e amorosa, perfazendo mais da metade do total, indica o que os cortesãos Heian consideravam ser as principais funções da poesia. A ênfase sobre as estações do ano, especialmente como testemunhado na capital, fez surgir o culto das florescências das cerejeiras e do avermelhamento das folhas do bordo, que inspiraria inúmeros poemas. O amor tornou-se tema dominante do *tanka*, mas as alegrias do cortejo raramente eram descritas; ao contrário, as emoções prevalecentes expressas nos poemas eram a incerteza antes do encontro com o amado, a angústia

INTRODUÇÃO

da despedida, e a desesperança do caso terminado. Embora a antologia contivesse poemas de rara beleza e de chamejante intensidade emocional, as partes mais fáceis para imitar por parte dos poetas posteriores foram inevitavelmente aquelas menos impressionantes, que mostram uma soberba técnica mas pouca intensidade emocional ou individualidade.[13]

TANKA — Esta forma poética, como já foi dito, compõe-se de cinco versos e 31 sílabas, os versos tendo respectivamente 5/7/5/7/7 sílabas. "No *tanka* das eras Heian e Kamakura, as cesuras com frequência incidem no fim do primeiro e terceiro versos, dividindo assim o poema em três unidades de comprimento ascendente, de 5/12/14 sílabas [...]." Seu ritmo é cadenciado pela métrica de 5 e 7 sílabas, observadas as suas cesuras. Algumas das técnicas prosódicas:

A alta incidência das vogais e a incisiva "limpeza" da consoante singular torna a assonância e a aliteração altamente efetivas. Certas vogais e consoantes são convencionalmente associadas com especificamente definidas disposições e tonalidades (não possíveis em certos idiomas, como o inglês). A repetição da vogal "o" amiúde dá um efeito de obtusidade, obscuridade ou profundidade, como em *honobo to*, vagamente, obscuramente, ou *oboro-zuki*, a pálida, enevoada Lua. A vogal "a" denota claridade ou esplendor. Aliteração pela repetição da "k", por exemplo, poderá dar um efeito de melancolia. Aliteração com "s" transmite maciez ou ternura; as dentais significam o senso da eternidade ou do todo-poderoso; e "h" contém a sugestão de florescência ou expansão. Os poetas ainda usam uma teia complexa de paralelismo fonético, semântico e estrutural.[14]

Duas variedades de ficção eram escritas no início do período Heian. A primeira, o "poema-conto", originou-se nos

---

[13] D. Keene, apud Arnold Toynbee (org.). *Half the World — The History and Culture of China and Japan.* London: Thames & Hudson, 1973, pp. 256—57.

[14] Bownas, op. cit., p. LX. Para as principais temáticas, abordagens e técnicas de expressão usadas pelos poetas, vide Wakisaka, op. cit. pp. 64—140.

prefácios que explicavam as circunstâncias sob as quais um poema fora composto. O *tanka* é tão curto e esquivo que, amiúde, seu pleno significado escapa ao leitor sem tal informação. *Ise Monogatari, Os contos de Ise*, uma coleção de 125 episódios de variadas extensões e de grande popularidade ao longo dos séculos, consiste principalmente de narração de eventos que ocasionaram poemas escritos por Ariwara Narihira. A segunda variedade de ficção eram os contos de fada. Estas e outras variedades de prosa foram miraculosamente fundidas em *Genji Monogatari*, a suprema obra em prosa da literatura japonesa.

Aproximadamente em 1002 foi escrito pela dama cortesã Sei Shōnagon o *Livro do travesseiro* (*Makura no Sōshi*). Era uma série de impressões dos pequenos prazeres gozados pelas pessoas de gostos educados — o sentir do pesado tecido de seda, o crepitar das folhas outonais, a cor esmaecida das flores moribundas. Seu livro era alegre, cheio do que os japoneses chamavam de *okashi*, um sorriso subitamente expresso e rapidamente desaparecido. Mais tarde (1008—1020?) o primeiro romance em qualquer língua e um dos maiores fora escrito por outra dama da corte, Murasaki Shikibu, e foi chamado *A história de Genji* (*Genji Monogatari*). A par da estória de amor descrita, o livro recriava as visões, sons, maneiras e a moral da vida na corte Heian.

Ambos os livros tendiam a mostrar quão profundamente refinamento e percepção do belo haviam penetrado na vida japonesa. Essas qualidades espalharam-se da aristocracia à classe guerreira — muitos soldados eram reconhecidos pela excelência da sua poesia e eventualmente tornaram-se a herança da nação.

A sociedade da corte Heian não entrou em colapso tão cedo. Por muito tempo após seu poder político ter passado às mãos dos militares e sua base econômica ter sido enfraquecida, a corte reteve um prestígio inabalável. O *tanka* continuou

INTRODUÇÃO

a florescer sob o patrocínio da corte, porque ela ainda retinha a liderança em matéria de cultura; os soldados da administração, ao invés de criar seus próprios modismos culturais, adotaram os da corte. Os artistas da corte, privados das suas funções no governo, foram atraídos mais ainda à sua arte, tornaram-na sua vida e abordaram-na com seriedade.

Após a remoção da sede do Governo de Quioto para Kamakura, em fins do século XII,

os nobres não mais poderiam descrever suas vidas em termos de *Genji Monogatari*. A posição das damas na corte, especialmente, sofreu mudanças drásticas; é triste notar que, após sua brilhante atividade literária durante o período Heian, raramente uma escritora de distinção tenha aparecido entre os séculos XIV e XIX. Os poetas sugeriram sua alienação da sociedade pela preferência por temas de fora do mundo, encontrando um significado para a vida além do domínio da experiência diária.[15]

É natural que um dos sintomas desta e da época seguinte tenha sido a nostalgia neoclássica por parte dos círculos palacianos pelo menos, dos antigos bons dias da Era Heian.

Como resultado, em *Shinkokinshū, Nova coleção de poemas antigos e novos*, a poesia, a exemplo da abordagem dos poetas, era séria e formal. O senso crítico tornou-se mais agudo e disputas entre poetas rivais desenvolveram-se em altercações entre escolas, entre os conservadores (a Casa Fujiwara) e os inovadores que se esforçavam para incorporar novas liberdades, em matérias tanto de tratamento quanto de dicção.

O *Shinkokinshū* era a oitava antologia de poesia japonesa compilada por ordem imperial. Esta foi completada em 1205 por uma comissão encabeçada pelo célebre Fujiwara no Teika (1162—1241), a principal figura no mundo das letras dos seus

---

[15]Cf. D. Keene. (org.). *Anthology of Japanese Literature — from the Earliest Era to the Mid-nineteenth Century*. New York: Grove Press, Inc., 1960; Harmondsworth: Penguin Books, 1978.

NISSIM COHEN

dias. O imperador Go-Toba, que ordenou a compilação, tomou interesse ativo e nela trabalhou enquanto em exílio na ilha de Oki.

A poesia simbólica do *Shinkokinshū* representa talvez a suprema realização dentro da forma *tanka*. Os poetas, ao contrário daqueles do *Kokinshū* três séculos antes, haviam perdido interesse em rodeios e outros exercícios intelectuais similares; a queda das florescências da cerejeira, amiúde, tornou-se um símbolo da morte. Fujiwara Shunzei (1114—1204), seu filho Teika (1162—1241) e o monge Saigyō foram especialmente bem-sucedidos em evocar a beleza solitária do monocromo que, pela própria ausência de cor, sugeria mais do que as pinturas brilhantemente matizadas de uma época anterior. Eles achavam na solidão árida de uma paisagem uma beleza que não estava presente na vista convencionalmente admirada da natureza.[16]

O *Shinkokinshū* é frequentemente considerada a maior coleção japonesa depois de *Man'yōshū*. Ela é conhecida particularmente pela perícia e artesanato exibida pelos seus poetas, embora esta mesma qualidade tenha sido denunciada por alguns críticos como artificialidade. A tentativa dos poetas foi a de preencher a estrutura elegantemente elaborada dos seus versos com conteúdo tão pungente e comovente quanto possível. Com poetas tais como Saigyō, novas alturas na poesia japonesa foram atingidas. Muito da depressão e solidão dos tempos que se seguiram à terrível guerra que pôs fim à Era Heian, poderão ser descobertas na poesia, particularmente daquele mais destacado contribuidor da coleção, o monge Saigyō. Seus *waka* (*tanka*) estão entre os mais bonitos e melancólicos na língua [...]. Desnecessário dizer, porém, que a perfeição técnica dos poemas desta antologia é grandemente perdida em tradução.[17]

A forma de prosa, característica desse fim de período, era a narrativa de guerra. As batalhas descritas foram aquelas ocorridas no século XII entre os clãs Minamoto e Taira. Embora os japoneses tenham a reputação de serem um povo marcial, essas estórias revelam pouco prazer nos afazeres de

---

[16] D. Keene, apud Toynbee, op. cit. p. 258.
[17] Keene, op. cit., pp. 184 e 23.

INTRODUÇÃO

guerra; ao invés disso, predomina um senso de solidão e a convicção budista de que este mundo é insignificante.

SAIGYŌ — Ao falarmos da literatura, em vários lugares Saigyō e sua obra foram citados e sua importância destacada. O professor C. J. Dunn, em *Penguin Companion to Literature*, v. 4, sintetiza as principais características da obra do poeta. Seus típicos poemas expressam um novo espírito, diferente daquele da poesia amorosa da corte Heian; o pensamento budista impregna seus escritos, bem como a melancolia, em parte um produto do seu tempo. Suas viagens aproximaram-no mais da natureza do que muitos dos poetas que o precederam. No desenvolvimento da poética japonesa, ele parece formar um elo entre *mono no aware*, o senso de simpatia sentida pelo autor para com o resto da criação, e *yūgen*, a inclusão na literatura de um ingrediente mais profundo e simbólico. Ele escreveu versos ocasionais que não são melhores do que composições de poetas menores, mas sua melhor poesia da natureza é muito comovente.

Algumas apreciações adicionais colhidas junto a outros estudiosos da literatura japonesa com relação à obra de Saigyō, são:

1. Nada era lugar-comum nem tão sublime que não pudesse ser tratado.

2. Demonstrava cálida simpatia e identificação com as vistas da natureza e das vidas humanas.

3. O microcosmo na sua poesia sugeria o macrocosmo — a verdade universal decantada do detalhe essencial do cotidiano.

4. Ele escreveu sobre sapos, aranhas... e pescadores com extrema simplicidade e amplo sentimento. Seus poemas são inteligíveis a todos, e sua poesia jorra das duas verdadeiras fontes: o coração e a natureza.

NISSIM COHEN

Outra contribuição importante de Saigyō foram os prefácios aos seus poemas. Já foi mencionado antes que habitualmente prefácios, em forma de notas informativas, eram apensos aos poemas para torná-los mais compreensíveis. Saigyō elevou estes a uma forma de quase-diário, onde não somente se anotavam as circunstâncias que originavam os versos mas, também, descreviam-se os sentimentos e emoções decorrentes dos acontecimentos. Como sabemos, Bashō o retomou do ponto onde Saigyō o deixou, para elevá-lo ao status de um verdadeiro diário poético em prosa.

Saigyō parece ter seguido os conselhos de Kūkai, que disse:

Ao escrever poesia, um estudo das velhas formas é uma excelente coisa, mas copiar antigos poemas não seria uma marca de habilidade. Em caligrafia também, é bom imitar as antigas concepções, mas fazer com que a própria escrita pareça igual aos antigos exemplos não é marca de perícia."[18]

Não disse o aposentado imperador Go-Toba de suas poesias [Toshinari e Saigyō] que elas continham a verdade tingida de tristeza?... Tome forças das suas palavras e siga firmemente a estreita trilha do Caminho da Poesia. Não procure seguir no encalço dos homens da antiguidade; procure o que eles procuraram. Isto é o que Kūkai escreveu, e isto é verdade também quanto à poesia haicai [...].[19]

Saigyō deixou muitas obras, das quais a mais famosa é a antologia intitulada *Sanka-shū*, *Coleção da cabana da montanha*, que continha 1571 poemas quando foi compilada pela primeira vez. Seu *Mimosusogawa utaawase* (*Concurso de poesia no rio Mimosuso*) é considerado um *tour de force*, no qual ele opôs seus próprios poemas uns contra os outros. Muitas das suas composições foram selecionadas para serem incluídas nas coleções imperiais de poesia, notadamente no

---

[18] Apud Downs, op. cit., p. 447.
[19] Palavras de Bashō ao Kyoroku, citado em Downs, pp. 449—50.

INTRODUÇÃO

62 | *Senzaishū* (1183), sétima antologia imperial, ainda enquanto vivo, e no *Shinkokinshū* já mencionado.

A seleção e tradução dos poemas deste livro foram feitos a partir de edições bilíngues publicadas no Ocidente, nas quais os poemas em japonês estão em caracteres romanos conhecidos como *romiji*. Numa obra anterior (*Dhammapada — A senda da virtude*, São Paulo, Palas Athena, 1985) traduzida do original páli, tivemos ensejo de fazer considerações demoradas sobre a problemática de se fazer traduções das línguas orientais. Uma das nossas conclusões era a de que a maioria das obras orientais em versos não se prestaria para serem traduzidas em métrica fixa; nossa experiência nos leva a usar os versos livres, nas suas três formas básicas: brancos, rimados e toantes. Embora traduzido de língua ocidental, adotamos as mesmas soluções para o presente livro. Para uma detalhada exposição sobre este assunto, remetemos o leitor ao Posfácio na acima referida obra, bem como às obras sobre Saigyō citadas na Bibliografia.

Os estudiosos são unânimes em considerar o japonês — dentre os idiomas asiáticos mais conhecidos — como o mais difícil no que tange a traduções; as razões para isso estão na natureza da língua e nos formatos literários — ambos foram objeto de discussão e avaliação acima. Resta-nos agora dar dois exemplos, na forma de tradução de dois poemas feitos por dois dos maiores tradutores de Saigyō, para demonstrar este ponto. Primeiro, daremos o texto original em *romiji*, seguido das traduções para inglês, as quais poderão ser comparadas com as nossas versões.

Yoshino yama
kozue no hana o
mishi hi yori
kokoro wa mi ni mo
sowazu nariniki

NISSIM COHEN

LaFleur
    Journeying alone:
Now my body knows the absence
    Even of its own heart,
Which stayed behind that day when
It saw Yoshino's treetops.

Watson
    Since the day I saw
Mount Yoshino's
    blossoming treetops,
my body's one place,
my heart in another

    Nagamu tote
hana ni mo itaku
    narenureba
chiru wakare koso
kanashikarikere

LaFleur
    "Detached" observer
Of blossoms finds himself in time
    Intimate with them —
So, when they separate from the branch,
It's he who falls… deeply into grief.

Watson
    Gazing at them,
I've grown so very close
    to these blossoms,
to part with them when they fall
seems bitter indeed!

INTRODUÇÃO

BIBLIOGRAFIA

ANESAKI, Masaharu. *History of Japanese Religion*. Tokyo: Charles E. Tuttle Co., 1977.

BOWNAS, Geoffrey & THWAITE, Anthony (trad.). *The Penguin Book of Japanese Verse*. Harmondsworth: Penguin Books, 1977.

BROWER, Robert H. "Japanese". In W. K. Wimsatt (org.), *Versification: Major Language Types*. New York: New York University Press, 1972, pp. 38—51.

BROWER, R. H. & MINER, Earl. *Japanese Court Poetry*. Stanford: Stanford University Press, 1961.

BUNCE, William K. *Religions in Japan*. Tokyo: Charles E. Tuttle Co., 1980.

CH'EN, Kenneth K. S. *Buddhism in China — A Historical Survey*. Princeton: Princeton University Press, 1972.

DEBARY, Wm. Theodore (org.) et al. *Sources of Japanese Tradition. (Introduction to Oriental Civilizations)*. New York: Columbia University Press, 1964.

DOWNS, Ray F. (org.). *Japan Yesterday and Today*. (The George School Readings on Developing Lands). New York: Bantam Pathfinder Editions, 1971.

DUDLEY, D. R. & LANG, D. M. (org.). *The Penguin Companion to Literature*. Vol. 4. Harmondsworth: Penguin Books, 1969.

ELISSÉEFF, S. & Matsushita, T. *Japan — Ancient Buddhist Paintings*. UNESCO World Art Series. New York: The New York Graphic Society with UNESCO, 1959.

HARICH-SCHNEIDER, Eta. *Rōei: The Medieval Court Songs of Japan*. Tokyo: Sophia University Press, 1965.

HISAMATSU, Sen'ichi. *Biographical Dictionary of Japanese Literature*. Tokyo and New York: Kodansha International, 1976.

HONDA, H.H. (trad.). *The Sanka Shu [1550 poemas de Saigyō]*. Tokyo: Hokuseido Press, 1971.

KEENE, Donald (org.). *Anthology of Japanese Literature — from the Earliest Era to the Mid-nineteenth Century*. New York: Grove Press, Inc., 1960; Harmondsworth: Penguin Books, 1978.

_____. *Japanese Literature: An Introduction for Western Readers*. London: John Murray Ltd., 1953.

KIDDER, Edward. *Ancient Japan*. Oxford: Elsevier-Phaidon, 1977.

LAFLEUR, William R. *Mirror for the Moon — A Selection of Poems by Saigyō*. New York: New Directions Book, 1978.

NISSIM COHEN

PAINE, R. T. & SOPER, A. *The Art and Architecture of Japan*. (The Pelican History of Art). Harmondsworth: Penguin Books, 2a. ed., 1974.

PLUTSCHOW, H. Eugen. "Japanese Travel Diaries of the Middle Ages", in *Oriens Extremus* (1982), 29:1—136, pp. 73—83.1

REISCHAUER, E. O. & YAMAGIWA, J. K. *Translations from Early Japanese Literature*. Cambridge (Mass.): Harvard University Press, 1951.

REXROTH, Kenneth. *One Hundred Poems from the Japanese*. New York: New Directions, 1956.

————. *One Hundred More Poems from the Japanese*. New York: New Directions, 1976.

RIMER, J. Th. & MORRELL, R. (org.). *Guide to Japanese Poetry*. Boston: G. K. Hall, 1975.

ROBINSON, R. H. & JOHNSON, W. L. *The Buddhist Religion: A Historical Introduction*. Belmont: Wadsworth Publication Co., 1982.

SATO, Hiroaki & WATSON, Burton. *From the Country of Eight Islands: An Anthology of Japanese Poetry*. Seattle: University of Washington Press, 1981.

SMITH, Bradley (org.). *Japan: A History in Art*. New York: Doubleday & Company, Inc., 1964.

SMITH, Howard D. *As Religiões Chinesas*. Lisboa: Editora Arcadia, 1971.

STAFF MEMBERSof the Tokyo National Museum (org.). *Pageant of Japanese Art: Painting 6th-14th Centuries*. Tokyo: Tôto Shuppan Company, Ltd., 1957.

TAMBURELLO, Adolfo. *Monuments of Civilization: Japan*. London: Cassell, 1975.

TOKUE, Mezaki. "Aesthete-Recluses during the Transition from Ancient to Medieval Japan", in *Principles of Classical Japanese Literature*, Earl Miner (org). Princeton: Princeton University Press, 1985, pp. 151—80. [Discute a relação entre poesia e prática religiosa na vida de Saigyō.]

TOKYO NATIONAL MUSEUM. *An Aid to the Understanding of Japanese Art*. Tokyo, 1980.

TOYNBEE, Arnold (org.). *Half the World — The History and Culture of China and Japan*. London: Thames & Hudson, 1973.

UEDA, Makoto. *Literary and Art Theories in Japan*. Cleveland: Press of Western Reserve University, 1967.

WAKISAKA, Geny. *Man'yôshû: vereda do poema clássico japonês*. São Paulo: Hucitec, 1992.

WATSON, Burton. *Saigyō: Poems of a Mountain Home*. New York: Columbia University Press, 1991.

_____. *Japanese Literature in Chinese*. 2 Vols. New York: Columbia University Press, 1975—1976.

ZÜRCHER, E. Dr. *Buddhism — Its Origin and Spread in Words, Maps and Pictures*. London: Routledge & Kegan Paul, 1962.

POEMAS DA CABANA
MONTANHESA

O som dum agitado córrego
Montanhês célere se precipitando,
   Faz alguém saber
Quão veloz a própria vida
É no seu curso arremetida.

A mente rumo à verdade
Começa, qual um arroio, rasa
   No princípio, mas então
Adiciona mais e mais profundidade
Enquanto maior clareza vai ganhando.

Cada singular coisa
Sempre neste mundo
    Muda e está mudando.
Com a mesma luz contudo
A lua segue brilhando.

Os ventos primaveris
Dispersaram as flores
    Enquanto sonhava meu sonho.
Agora eu acordo,
Meu coração está perturbado.

À beira da estrada
Na sombra de salgueiro
Onde flui límpido regato,
"Só por um minuto", disse eu,
E ainda não parti.

Rasteando-se no vento,
A fumaça do Monte Fuji
Dissolve-se no céu.
Assim também meus pensamentos —
Seu lugar-de-repouso é desconhecido.

Até um homem livre de paixão
Entenderia
    Esta tristeza:
Anoitecer outonal
Num pântano onde narcejas voejam.

    Por que meu coração
Ainda abriga
    Esta paixão por flores de cerejeira —
Eu que pensava
Tivesse tudo isso deixado para trás.

Desde o dia em que eu vi
As florescentes copas
   Do Monte Yoshino,
Até meu corpo sente a ausência
Do próprio coração que ficou para trás.

Na primavera passo o dia
Com flores, o anoitecer não desejando;
   Isto reverte-se no outono
Quando a lua eu vigio
A noite toda, ressentindo o dia.

Um mundo sem
A dispersão de inflorescências,
Sem uma lua enuviada
Me privaria
Da minha melancolia.

Por que eu, que rompi
Tão completamente com este mundo,
Acho ainda no meu corpo
A pulsação dum coração
Outrora de matizes florais tingida?

Ao morto
Faça oferendas
De flores de cerejeira —
Assim eu diria se alguém
Fosse me lamentar quando eu tiver partido.

Devo me esforçar para ver
Os poucos brotos que esta idosa árvore
Laboriosamente abriu —
No *páthos* somos um e pergunto-me
Mais quantas primaveras nos encontraremos aqui.

Observando-as atentamente
As flores tornaram-se
Parte íntima de mim —
Assim, ao se separarem da rama,
Sou eu quem cai... profundamente em tristeza.

Da viagem cansado,
Caio em sono debaixo
Duma árvore em Yoshino
Enquanto brisa primaveril coleta
E me cobre com acolchoado de pétalas.

Tudo tão vago:
No outono as razões
    De por que tudo cai
E há apenas esta
Inexplicável tristeza.

Sob a lua, olhando longe à distância:

    Assim tomado de amores com
A face impecável e fulgor
    Duma lua sedutora,
Minha mente vai mais… e mais…
Para alcançar as remotas regiões do céu.

Meu dilema:
Aquela profunda realização nunca
    Virá acontecer à
Minha mente, cuja verdade
Ela tão bem realiza.

Estar apenas nos quinze!
Um tempo sem enfermidades,
    A idade da lua hoje à noite;
Cheia no meio da sua vida
Está ela agora suspensa e perfeita.

Durante uma jornada; concernente à lua:

Como sempre, a lua
Noite após noite após noite
Permanecerá firme aqui
Nesta choça de capim que construí —
E agora eu mesmo devo partir.

Na partida para uma peregrinação e sentindo profundos senti-
mentos com respeito a uma especialmente brilhante lua:

Nós dois juntos
Faríamos a viagem, eu na terra
E ela no céu,
Se para ficar aparecesse a lua:
De parte a parte empatia.

Contemplações da lua na Capital:
Quando eu tive
Aqueles tristes pensamentos —
Agora eu sei eram eles
Nada mais que vãos passatempos.

Um arrozal, um eremitério e um veado:

Silenciosa cabana montanhesa
À beira dum arrozal… até que o grito dum veado
Lá fora sobressalta-me
E eu me mexo… assim assustando-o:
Nós nos espantamos um ao outro.

Pensei estivesse livre
De paixões, assim esta melancolia
Vem como surpresa:
Uma galinhola dispara do pântano
Que é banhado pelo crepúsculo outonal.

Inverno feneceu todo
Neste local montanhoso:
Dignidade está na sua
Desolação agora, e beleza
Na fria claridade da sua lua.

84 | *Tendo ido longe ao noroeste; no fim do ano:*

> Um desolado sentimento
> Esta vez mais agudo que outrora:
> Jornadeando sozinho
> Sob um vasto céu onde vejo
> O ano velho afundar no seu fecho.

Paixão por uma inflorescência que ainda não caiu:

> Oculta
> Por baixo das folhas, uma inflorescência
> Ainda viva
> Faz-me ansiar por dar com
> Meu amor secreto da mesma maneira.

86 | *Amor tal como juncos cortados:*

> Não tão confusa
> A ponto de se inclinar só dum lado:
> Amor-da-minha-vida!
> Uma espiga de junco também se curva
> Ante cada vento que a movimenta.

Amor tal como folhas caídas:

> Cada manhã o vento
> Amaina e as ciciantes folhas
> Quedam em silêncio: Seria isto
> A paixão dos noturnos namorados
> Agora de partida após conversados?

No retrato emergindo
Na lua eu divisei
Teu rosto… tão claramente,
A causa de lágrimas que então
Rapidamente enevoaram a lua de novo.

Enquanto em reclusão num lugar bem afastado, a lua transmitiu minha mensagem de volta ao longo do espaço a alguém na Capital:

A lua, tal como tu,
Está muito longe de mim, mas
Este é nosso único *memento* —
Se tu olhares e recordares nosso passado
Por meio dele, poderemos ser uma só mente agora.

Quando, neste estágio
De aversão-do-mundo, algo captura
O coração, então deveras
O mesmo mundo é de todo
Merecedor... de total repulsa.

Não há mais limitações:
Desde que minha mente fixou-se na lua,
Claridade e serenidade
Fazem algo para o qual
Não há fim à vista.

Sob a lua, recordando o passado:

> Aquela lua lá em cima:
> Quantos outonos a mais
> Estarei eu aqui para vê-la?
> Algo fixado há muito tempo
> Por um anterior para esta vida.[1]

Meu companheiro-peregrino [o monge Saijū] havia contraído uma doença que agora alcançava o ponto crítico; sob um luar brilhante, minha tristeza:

> Lado a lado, ano
> Após ano, tu e eu
> Fitamos e fitamos
> A lua outonal, que agora
> Vista a sós é a soma da tristeza.

---

[1] Alusão ao carma de um anterior cujas características são transferidas à vida da presente pessoa — a doutrina de renascimento budista.

Durante o período de luto por seu pai, a mãe do Tokudaiji Kin "Yoshi" também morreu. Tendo ouvido isso, eu lhe mandei o seguinte verso do Monte Kōya, em condolência:

> Um sobre o outro...
> As roupas de glicínia de luto
> Sempre mais carregadas —
> Sugiro que tu agora tingir poderias
> Tua vida no tom carregado do Darma.

A resposta de Tokudaiji Kin "Yoshi":

> A cor da minha veste
> De corpo pode ter ficado carregada
> Mas minha mente
> Ainda é superficial, pálida,
> Para tal passo inadequada.

Olhando fixamente a lua
Enquanto esta imerge e se oculta
   Do outro lado da montanha,
Eu sinto que vai minha própria mente
De bom grado em direção ao seu Ocidente.

Nada perdido...
Visto que no Satori tudo
   O lançado fora
De novo volta: a vida
Por um "outro" abandonada.

A mente é um céu
Esvaziada de toda escuridade,
E sua lua,
Límpida e perfeita, se move
Para perto das montanhas no Ocidente.

Sobre aquele capítulo do "Sutra do Lótus"[2] chamado "Duração da vida do Tathāgata":

Aqueles que consideram a lua
Sobre o "Pico do Abutre" como
Agora submersa por baixo
Do horizonte... são pessoas cujas mentes,
Confusas, retêm a real escuridão.

[2] O "Sutra do Lótus" (sânscrito, *Saddharmapundarīka-Sūtra*; jap. *Hokke-kyō*) era o texto principal da seita Tendai de Saichō no Japão, e fora também um dos mais populares textos do budismo Maaiana. Sua autoria e data de composição são desconhecidos, mas ele foi traduzido primeiramente do sânscrito para o chinês no século III. Ele relata o discurso final de Buda Xaquiamúni (Tathāgata) no Pico do Abutre (Rajāgaha, Índia) antes de sua entrada no nirvana. O poeta refere-se àqueles que consideravam estar o budismo em declínio.

Quão mísero mundo
Este seria se este desdenhado,
Veloz passante mundo
Não tivesse lugar para refúgio —
Isto é, não contivesse montanhas.

Quando um homem não dá atenção
Ao que segue esta vida,
Ele está na pior do que
Aquela árvore-tronco numa campina:
Em lugar nenhum galho ou ramada.

Velha campina caída em ruína
E na solitária árvore que se ergue
    Tenaz numa ribanceira
Está uma pomba, pranteando seu companheiro:
O anoitecer medonho.

    Borboletas adejando
Tão familiarmente entre flores
    Dependuradas na cerca —
Eu as invejo, embora saiba
Quão pouco tempo lhes resta.

Pétalas de cerejeira,
Qual lágrimas
De homem em solidão,
Derramando-se no chão
Ao serem açoitadas pelo gélido vento.

Nós ambos estamos aflitos
Por correntes de ar e ventos, e passamos os dias
Levantando e deitando:
Jovem bambu com inda-fraca medula
E eu, doente e descoroçoado.

Parando num lugarejo chamado Heichi, eu vi a lua enquanto esta era refletida através das copas e em gotículas na minha manga:

> Escoando-se por entre
> A ramagem, a lua lá em cima
> Demonstra conhecer
> Tristeza: aqui no seu clarão
> Jaz o orvalho que esta noite ela chorou.

> Encontro de namorados
> Em vagar termina com muitas promessas
> De não deixar nada se interpor
> Entre eles... então, ao se afastar,
> Neblina surgente dela o esconde.

*Visitei alguém que tinha renunciado ao mundo e que agora
vivia em Saga. Conversamos acerca da importância, para as
nossas futuras vidas, da prática diária e ininterrupta da nossa
fé budista. Tendo retornado, tomei nota especial de uma haste
de bambu aprumada e escrevi isto:*

> Mundos ligados,
> Vidas enlaçadas: sobre uma
> Haste aprumada
> De bambu cada gomo
> É forte e reto.

> Deixa-me olhar com atenção:
> A velha cerejeira,
> Até suas flores tristes estão —
> Quantas vezes mais
> Elas a primavera verão?

Sobre a ponte [pênsil] perto de Oku-no-In no Monte Kōya.
A lua estava inusitadamente brilhante e me lembrei daquele
tempo quando o monge Saijū e eu passamos a noite inteira
juntos observando a lua desta mesma ponte. Era na véspera
dele retornar à Capital e eu nunca esquecerei a lua daquela
noite. Agora que eu estou exatamente no mesmo local, escrevi
isto ao Saijū:

> De algum modo esticado
> Desde então até agora está meu amor
> Por ti, mantido nesta ponte
> Tensa entre a lua
> De hoje e aquela que eu vi contigo aqui.

> Fundo nas montanhas,
> Sentado ereto sobre musgo usado
> Como esteira para si mesmo
> (Com nenhum cuidado no mundo)
> Está um gárrulo, tagarela macaco.

Fundo nas montanhas,
Nenhuma chamada de ave qualquer perto
E familiar...
Apenas o arrepiante chilreado
Daquele mocho montanhês.

Aquela noite quando nos encontramos
Para fazer amor nos meus sonhos,
Eu desejei nunca vir a ser
Um Desperto... embora seja dito
Ser uma sempiterna noite um miserável fado.

(Sobre o ex-imperador Sutoku, de cuja presença anterior ele não descobriu nenhum vestígio no local)

O navio que o conduzia
Cruzou as ondas rumo a Matsuyama
E então subitamente
Desapareceu — enquanto ele também deslizava
Para baixo do nosso horizonte.

Altivo senhor,
A exemplo dum bambu, teu mundo
Tem nós, juntas,
Complicações uma sobre outra:
Não fosse assim, alegremente nele serviria.

Ao ver uma árvore frente ao meu eremitério:

    Pinheiro de longa vida,
De ti peço: sempiterna lamentação
    Para mim e cobertura para meu cadáver;
Não há aqui nenhum ser humano
Para pensar em mim quando eu tiver ido.

    Se aqui eu me estabelecer,
Pinheiro, serás mais uma vez deixado
    Em solidão quando eu
Cansar deste lugar
E sair para vaguear.

Eu estava na província de Sanubi e nas montanhas onde Kōbō Daishi tinha vivido; quando lá, permaneci numa choça feita de capim. A lua estava especialmente luminosa e, como o céu sobre o mar estava limpo, eu podia vê-la muito bem:

> Montanhas desanuviadas
> Circundam o mar, que retém
> A refletida lua:
> Sua vista aí muda as ilhas
> Em buracos vazios num mar de gelo.

> Trilhando meu caminho
> Pelas agitadas corredeiras
> Do rio Miyataki,
> Me acompanha a sensação de estar sendo
> Lavado até o âmago do meu coração.

Àquela pessoa
Desejosa de recordar passados eventos
   Neste mundo aqui embaixo:
"Por que não indagar da lua acima?"
Quiçá a mais apropriada resposta.

   Sobre ti de algum modo
A densa trama daquele fino
   Tecido não deixará de cair
Bem; estivesse eu tão perto,
Eu próprio entrelaçado contigo.

Sobre a impermanência da vida:

> Dado que não mais penso
> Da "realidade"
> Como realidade,
> Teria eu alguma razão
> De pensar do sonho como sonho?

> Gotas d'orvalho
> Enfiadas nas teceduras
> Da teia d'aranha —
> Tais são os arreios
> Que adornam este mundo.

As pessoas perecem
E a verdade do passante mundo
    Me impressiona de vez em quando...
Mas do contrário, meu obtuso espírito
Deixa esta verdade também passar.

Haverão as alvas florações
Na minha montanha de tomar
    O lugar da neve no sagrado Himalaia?
Quero adentrar os profundos
Recantos do Monte Yoshino.

Sobre aquele capítulo do "Sutra do Lótus" intitulado "Uma vida pacífica", e especialmente sobre a frase: "Entrando profundamente em meditação e vendo a natureza-Buda em todas as Dez Direções".[3]

Nos profundos recantos das montanhas,
A lua da mente
    Reside em luz serena:
Lua espelha tudo em plagas todas,
Mente espelha lua... no Satori[4] agora.

Por que lamentar o deixar
Um mundo que não
    Merece pesar?
A ti somente tu salvas
Quando o teu eu fora lanças.

---

[3] Algumas seitas budistas como a Tendai ensinam a unidade básica do Buda e de todos os outros seres. Em cada pessoa reside a natureza-Buda que deverá ser realizada; não importa quão perverso um homem possa ser, ele é potencialmente um Buda. Estas seitas apregoam iluminação final para todos indistintamente.

[4] Estado de consciência que está além do plano de discriminação e diferenciação. Iluminação.

"Uma mulher abandonada no amor."

Um homem que se distanciou —
Porque ressentida eu ficaria?
Havia um tempo
Em que ele não me conhecia
E tampouco eu o sabia.

Estaria a lua "aflija-te!" dizendo,
Estaria ela forçando
Sobre mim estes pensamentos?
No entanto assomam as lágrimas
Aos meus reprovantes olhos.

Enquanto noto como o tempo
Tem vergado a silhueta de meu corpo
Lançada no luar...
À distância a lua
Afunda para mais perto da orla do mundo.

Cada e toda primavera
Flores propiciaram à minha mente
Conforto e prazer:
Agora já são mais de sessenta anos
Que assim tem se passado.

Se eu apenas pudesse
Flutuar sobre rebentação de florescências
Que recordo tão bem:
Como elas derramavam-se das alturas
Qual cascata de nuvens alvas.

Rara realização:
Este nascimento em humana forma,
E tão facilmente perdida
Por não aprender como
Não afundar baixo de novo.[5]

[5] De acordo com o ensinamento budista, o renascimento em forma humana é raro e só é dado às pessoas com grandes merecimentos morais e espirituais, ou àqueles que expiram sua vida em esferas superiores.

No mundo dos homens chegou um tempo de guerra. Por todo o país — leste, oeste, norte e sul — não havia lugar qualquer onde a guerra não estivesse sendo travada. O número daqueles que morriam por sua causa subiu continuamente e alcançou uma enorme cifra. Isto era inacreditável! Afinal de contas, por que causa esta luta se desenrolava? Um estado de negócios dos mais trágicos:

Não há qualquer quebra ou brecha
Nas fileiras daqueles que marcham
No sopé da colina:
Interminável linha de homens morrediços,
Avançando e avançando e avançando...

Montanha de Yoshino:
Alvos bafos sobre ramos de cerejeira
São neve caída,
Me informando que as floradas
Tardarão este ano.

O início primaveril justamente
Irrompendo em inflorescências;
E se eu delas me apoderasse
Para usá-las como memorial
A alguém que fora de mim arrancado?

O Satori de hoje:
Tal mudança de mente
Não existiria sem o hábito
De longa data de ter minha
Mente nas floradas imersa.

Há muitas primaveras
Que tenho vindo aqui encontrar
E unir minha mente
Às flores em desabrocho — Assim
Sou feito de muitas recordações.

"Tão-só uma breve parada"
Disse eu ao deixar a estrada
E ganhar a sombra dum salgueiro
Onde borbulhante córrego flui...
Como o tempo desde que começou minha "breve
[parada".

A lua desta noite atiça
Memória dum pacto que
A deixa fazer isto a nós:
Talvez ela, de volta aonde nos amamos,
Tenha, como as minhas, mangas úmidas de pranto.

Para além desta vida
E deste mundo eu terei isto
Até a satisfação do meu coração:
A brilhante lua que passou por sobre
O horizonte antes que eu tivesse minha fartura.

Aquele que era esperado
Não vem e o gemente vento
Conta estar a noite atrasada;
Um som lá fora a solidão aprofunda:
Gansos, grasnando, passam voejando.

À medida que a fria noite
Aprofunda-se no outono,
Dos grilos o estrilo
Enfraquece-se: a cada noite
Afasta-se ecoando mais distante.

Na precoce invernal chuva
Fico contente quando no pico acima
Nuvens abrem espaçam-se
A me mostrar a lua que ansiava ver:
Uma tempestade que conhece compaixão.

Num regato da montanha,
Um pato mandarim feito solitário
Pela perda de sua companheira
Flutua agora em silêncio sobre a água:
Uma disposição mental que eu conheço.

Espaço vazio rodeado
Por penedos, tão longe
Que aqui estou todo sozinho:
Um lugar onde ninguém pode me ver
Mas eu posso todas as coisas rever.

A lua enquanto irrompe a aurora
Desliza livre através de espessas nuvens,
Camada sobre camada:
Então estratos do passado também
Diante da minha mente um a um se abrem.

Assim, então, é aquele
Que jogou fora seu eu
Que é considerado o perdedor?
Mas aquele que não pode perder o eu
É o que realmente o perdeu.

*Escrito enquanto apresentava petição ao imperador Toba para
que me concedesse a sua permissão para deixar a vida secular:*

Assim relutante em perder
O que realmente deveria ser detestado:
O próprio vão lugar na vida;
Talvez possamos melhor salvar o eu
De vez jogando-o fora.

Pode apenas ser isto
O que resta da minha anterior
Estada aqui:
A lua residindo numa gota d'orvalho
Suspensa no absinto dum ermo?

Ao tempo em que o monge Jakunen convidou outros a contribuir com versos para uma coleção de cem poemas, eu declinei de participar. Mas, a caminho onde eu fazia peregrinação a Kumano, eu tive um sonho. Nele apareceu Tankai, o administrador do Kumano, e o poeta Shinzei. Tankai disse a Shinzei: "Embora todas as coisas neste mundo estejam sujeitas à mudança, o Caminho da Poesia estende-se inalterado até a última época." Abri meus olhos e compreendi. Então rapidamente escrevi um verso e o mandei a Jakunen. Isto é o que eu compus aí no coração da montanha:

"Mesmo numa época
Mal decorrida, o Caminho da Lírica
Permanece reto" —
Não vendo isto num sonho,
À verdade tenho ficado cego.

Enquanto praticava exercícios religiosos na região oriental, eu
escrevi o seguinte em vista do Monte Fuji:

Os filetes de fumaça do Fuji
Cedem ao vento e se perdem
No céu, no vazio —
E levam também as paixões sem rumo
Que ao longo da vida em mim arderam fundo.

Imaginando essas
Profundezas da montanha, alguns homens
Pensam que eles vêm aqui e vão;
Mas não vivendo aqui eles mesmos,
Poderão conhecer o real *páthos*?

Eu vi no meu sonho
O vento primaveril brandamente sacudindo
As inflorescências duma árvore;
E ainda agora, embora esteja eu acordado,
Há no meu peito tremor e movimento.

Por que, neste mundo onde
Alguém ontem aqui, está fora hoje
No mundo da morte,
São mais e mais anos e ainda
Mais e mais meses a mim dados?

Atravessando toda a primavera
Como minha companhia, uma outra
Na cabana dum eremita —
Não te esqueças do teu ninho
Aqui no vale, ó toutinegra!

Se apenas houvesse
Mais um outro
Desejoso de aturar esta solidão! —
Ele poderia invernar nesta montanha
Tendo sua choupana pegada à minha.

Nunca esquecerei
Seu semblante quando eu disse adeus…
  Especialmente desde que,
Como recordação, ela estampou sua
Face entristecida sobre a lua acima.

  Isto será bom:
Meu corpo pode debulhar-se
  Em lago de lágrimas,
Mas nele meu inalterado coração
À lua dará adequado alojamento.

Nem pústula nem sombra
Na face da lua, assim só então
Eu me lembrei da tua — clara...
Até que lágrimas da minha mente própria
Desfiguraram uma vez mais a lua.

As mangas do meu quimono,
Perfumadas-a-flores pelo ar
Debaixo desta laranjeira
À beira do regato, captam e retêm
Lágrimas que caem da recordação do passado.

Em profundo devaneio
Sobre como o tempo a todos esbofeteia,
Ouço pancadas se abaterem
Sobre um sino de templo... arrancando mais
Dos seus sons e da minha tristeza.

Após ter deixado o mundo, eu estava em Suzukayama (Monta-nha "Sino-de-Cervo"), a caminho de Ise:

Na Montanha Sino-de-Cervo!
Estar aqui significa eu ter rechaçado
Agora o oscilante mundo;
Mas o que virá a ser o timbre da minha vida
Não poderá ser ouvido no murmúrio deste sino.

A caminho do templo chamado Tennō-ji, fui pego pela chuva. Numa localidade na região de Eguchi pedi alojamento por uma noite. Ao ser recusado, repliquei como segue:

> É penoso, talvez,
> Odiar e abandonar o mundo;
> Mas tu estás sendo sovina
> Até mesmo com a noite que te peço
> Um lugar na tua estalagem breve-a-ser-deixada.

A resposta de uma "mulher de prazeres":

> É porque eu ouvi
> Tu não estares mais preso à vida
> Como chefe de família
> Que estou relutante em te deixar ficar ligado
> À esta estalagem de breves, compradas, estadias.

Esperados, aguardados
Os hóspedes nunca vieram
    À minha cabana na montanha —
A já agora congenial solidão
Sem a qual viver odiaria.

Este meu lugar
Nunca é visitado pelos humanos
    Vindos para conversação,
Só pelas estrias de luz da muda lua
Que se esgueiram pela vegetação.

Depois que o ex-imperador Sutoku foi para Sanuki e não mais foi ouvido qualquer coisa na sociedade acerca de poesia, escrevi o seguinte ao monge Jakunen:

Cruel destino: descobrir
Tenhas vindo a estar justo nesta
Conjuntura de tempo
Quando reuniões de refinados poetas
Outrora costume tenham se tornado... extintas.

[A declaração de Saigyō sobre Poética: Olhe para o passado, porquanto só então tua obra pode servir como modelo para o futuro.]

Procuremos o passado,
Seja esta uma época
Que o antigo estima —
Então nosso "hoje" um dia
Será o "há muito tempo" de alguma pessoa.

Um caso de amor perigoso:

> Agora eu entendo —
> Quando tu disseste, "Lembra-te!"
> E jurou fazer igualmente,
> Já tinhas
> O esquecer em mente.

> Por que ninguém diz, "Lamentável!"
> Ou vem a me confortar?
> Na casa
> Onde pelo meu amor anseio
> O vento sopra, os juncos varrendo.

À medida que a lua fito
Minha mente sai vagando,
    Até que revivo
Os outonos que
Conheci há muito no passado.

Em partida os selvagens gansos,
Suas asas nas alvas nuvens,
    Chamando nostalgicamente seus amigos
Nos arrozais
Frente à minha porteira.

Lado a lado
Acercam-se os barcos de bonito
Do cabo de Irako,
Balouçando-se nas ondas
Sob o noroeste vento.

As malhas armadas de boias
Das redes
Que apanham pequenos gorazes
Parecem movimentar-se rumo à costa —
Triste trabalho na Baía Shiozaki.[6]

---

[6] Aqui, como em outros lugares, Saigyō deplora ocupações tais como caçar ou pescar que envolvem a matança de seres.

Pérolas arrancadas,
As conchas de ostra
Restam amontoadas em pilhas,
Nos mostrando
O restolho do tesouro.

O que vive aqui
Deve saber o significado da tristeza —
Vilarejo montanhês,
Aguaceiro caindo
Do céu vespertino.

Um pinheiro solitário
Crescendo no vazio —
E eu que pensei
Fosse eu o único
Sem um amigo.

Quem jaz aqui
Eu não sei:
Monte Toribe[7] no pôr-do-sol,
Um após outro
Os terríveis jazigos.

[7] Monte Toribe é uma colina a leste de Quioto usada como crematório e cemitério.

Que eu morra na primavera
À sombra de árvores florescentes,
    Que seja ao redor
Da lua cheia
Do segundo mês lunar.

Quando tu consideras:
Tudo neste mundo
    São inflorescências que caem —
E este meu corpo,
Onde iria eu depô-lo?

[Um de uma série sobre cenas representadas em pinturas de Inferno]

> Teria eu ouvido perguntares
> Para que as chamas do Inferno
> Estariam ardendo?
> Elas consomem o mal
> E tu és a lenha!

Ao achar um lugar fresco no verão em Shirakawa-Norte:

> Junto das águas sussurrantes
> Somos um ciclo d'amigos, não mais
> O calor do verão nos importando,
> E a vozearia das cigarras nas copas
> Misturam-se bem a todo o resto.

Tendo me retirado do mundo, estava eu nas colinas chamadas Higashiyama e, ao convite de alguém, fui ver as floradas em Shirakawa; mas cedo eu abandonei o local e voltei, refletindo sobre o passado como isto aqui:

> Esta disposição de espírito
> Permite-me voltar sem ao menos
> Ver as inflorescências caindo:
> Talvez sinal algum de que eu
> Não sou mais o que costumava ser.

Era quando eu ouvi que a capital tinha sido transferida para Fukuhara e enquanto eu estava em Ise que eu escrevi o seguinte concernente à lua:

> "Os-que-pairam-acima-das-nuvens":
> Um nome para os cortesãos da Capital
> Que uma vez já era;
> Um fato acerca da refulgente lua
> Que, imutável, ainda é.

Tendo realizado meu escape de uma vida mundana, eu estava no interior de Kurama junto a um conduite de bambu, cuja água havia congelado e não era corrente. Ouvindo de alguém que esta seria a situação até a chegada da primavera, eu escrevi este poema:

Para acontecer estava isto destinado:
Meu voto de permanecer desapegado
Às estações e outras tantas…
Eu, que junto dum tubo de bambu congelado
Agora a primavera estou esperando.

Nenhuma alusão de sombra
Na face da lua… mas agora
Passa uma silhueta —
Não a nuvem pela qual a tomo,
Mas um bando de gansos voadores.

Uma grande calamidade sacudiu a sociedade, e as coisas na vida do aposentado imperador Sutoku passaram por inconcebíveis mudanças, de maneira que ele tomou a tonsura e mudou-se para os aposentos do norte no templo, chamados Nima-ji. Fui até lá e encontrei o eminente monge [Acārya] Kengen. A lua estava brilhante, e eu compus o seguinte verso:

Tempos estes quando contínuo
Desalento paira por cima do nosso mundo...
Sobre o qual pousa
Ainda a sempre-reluzente lua:
A vista dela me afunda mais ainda.

Aqui nestas montanhas
Gostaria de mais outro que tenha
As costas dado ao mundo:
Discorreríamos acerca da inútil maneira
Com que passamos nossos dias quando na sociedade.

Manhã; ouvindo os primeiros gansos:

Impelidos ao largo pelo vento,
Nuvens estratificadas nos picos
Dispersam-se na aurora:
Gansos, grasnando, que cruzam
As montanhas o outono anunciam.

Pensar tu tenhas
Abandonado o mundo e no entanto
Ainda vivas a descoberto
É ser como qualquer mundano
No mundo dos homens ainda vivendo.

146

[Durante a primeira viagem ao extremo norte em 1147, Saigyō parou na tumba do Sanekata, o poeta do passado que fora desterrado por ter se envolvido numa confusão após discussão na corte.]

Enquanto eu estava na província de Mutsu, deparei com uma sepultura de aspecto inusitado. Perguntei a alguém de quem era e foi me dito que ela pertencia a um capitão dos guardas palacianos. Ao persistir no inquérito sobre quem exatamente este poderia ser, fui informado tratar-se de Fujiwara Sanekata — e eu fui tomado de profunda tristeza. Mesmo antes de aprender estes detalhes, eu tinha sentido o páthos nesta cena de capim--dos-pampas encarquilhado pela geada, tão pálido que era quase invisível. Mais tarde, ao tentar expressar o que senti, palavras também eram quase inexistentes:

> Uma parte dele
> Escapou da dissolução, seu nome,
> Ainda em redor aqui qual
> O fenecido capim deste gélido campo:
> Minha visão da relíquia que ele deixou.

COLEÇÃO HEDRA

1. *Iracema*, Alencar
2. *Don Juan*, Molière
3. *Contos indianos*, Mallarmé
4. *Auto da barca do Inferno*, Gil Vicente
5. *Poemas completos de Alberto Caeiro*, Pessoa
6. *Triunfos*, Petrarca
7. *A cidade e as serras*, Eça
8. *O retrato de Dorian Gray*, Wilde
9. *A história trágica do Doutor Fausto*, Marlowe
10. *Os sofrimentos do jovem Werther*, Goethe
11. *Dos novos sistemas na arte*, Maliévitch
12. *Mensagem*, Pessoa
13. *Metamorfoses*, Ovídio
14. *Micromegas e outros contos*, Voltaire
15. *O sobrinho de Rameau*, Diderot
16. *Carta sobre a tolerância*, Locke
17. *Discursos ímpios*, Sade
18. *O príncipe*, Maquiavel
19. *Dao De Jing*, Lao Zi
20. *O fim do ciúme e outros contos*, Proust
21. *Pequenos poemas em prosa*, Baudelaire
22. *Fé e saber*, Hegel
23. *Joana d'Arc*, Michelet
24. *Livro dos mandamentos: 248 preceitos positivos*, Maimônides
25. *O indivíduo, a sociedade e o Estado, e outros ensaios*, Emma Goldman
26. *Eu acuso!*, Zola — *O processo do capitão Dreyfus*, Rui Barbosa
27. *Apologia de Galileu*, Campanella
28. *Sobre verdade e mentira*, Nietzsche
29. *O princípio anarquista e outros ensaios*, Kropotkin
30. *Os sovietes traídos pelos bolcheviques*, Rocker
31. *Poemas*, Byron
32. *Sonetos*, Shakespeare
33. *A vida é sonho*, Calderón
34. *Escritos revolucionários*, Malatesta
35. *Sagas*, Strindberg
36. *O mundo ou tratado da luz*, Descartes
37. *O Ateneu*, Raul Pompeia
38. *Fábula de Polifemo e Galateia e outros poemas*, Góngora
39. *A vênus das peles*, Sacher-Masoch
40. *Escritos sobre arte*, Baudelaire
41. *Cântico dos cânticos*, [Salomão]
42. *Americanismo e fordismo*, Gramsci
43. *O princípio do Estado e outros ensaios*, Bakunin
44. *O gato preto e outros contos*, Poe
45. *História da província Santa Cruz*, Gandavo
46. *Balada dos enforcados e outros poemas*, Villon
47. *Sátiras, fábulas, aforismos e profecias*, Da Vinci
48. *O cego e outros contos*, D.H. Lawrence

49. *Rashômon e outros contos*, Akutagawa
50. *História da anarquia (vol. 1)*, Max Nettlau
51. *Imitação de Cristo*, Tomás de Kempis
52. *O casamento do Céu e do Inferno*, Blake
53. *Cartas a favor da escravidão*, Alencar
54. *Utopia Brasil*, Darcy Ribeiro
55. *Flossie, a Vênus de quinze anos*, [Swinburne]
56. *Teleny, ou o reverso da medalha*, [Wilde et al.]
57. *A filosofia na era trágica dos gregos*, Nietzsche
58. *No coração das trevas*, Conrad
59. *Viagem sentimental*, Sterne
60. *Arcana Cœlestia e Apocalipsis revelata*, Swedenborg
61. *Saga dos Volsungos*, Anônimo do séc. XIII
62. *Um anarquista e outros contos*, Conrad
63. *A monadologia e outros textos*, Leibniz
64. *Cultura estética e liberdade*, Schiller
65. *A pele do lobo e outras peças*, Artur Azevedo
66. *Poesia basca: das origens à Guerra Civil*
67. *Poesia catalã: das origens à Guerra Civil*
68. *Poesia espanhola: das origens à Guerra Civil*
69. *Poesia galega: das origens à Guerra Civil*
70. *O chamado de Cthulhu e outros contos*, H.P. Lovecraft
71. *O pequeno Zacarias, chamado Cinábrio*, E.T.A. Hoffmann
72. *Tratados da terra e gente do Brasil*, Fernão Cardim
73. *Entre camponeses*, Malatesta
74. *O Rabi de Bacherach*, Heine
75. *Bom Crioulo*, Adolfo Caminha
76. *Um gato indiscreto e outros contos*, Saki
77. *Viagem em volta do meu quarto*, Xavier de Maistre
78. *Hawthorne e seus musgos*, Melville
79. *A metamorfose*, Kafka
80. *Ode ao Vento Oeste e outros poemas*, Shelley
81. *Oração aos moços*, Rui Barbosa
82. *Feitiço de amor e outros contos*, Ludwig Tieck
83. *O corno de si próprio e outros contos*, Sade
84. *Investigação sobre o entendimento humano*, Hume
85. *Sobre os sonhos e outros diálogos*, Borges — Osvaldo Ferrari
86. *Sobre a filosofia e outros diálogos*, Borges — Osvaldo Ferrari
87. *Sobre a amizade e outros diálogos*, Borges — Osvaldo Ferrari
88. *A voz dos botequins e outros poemas*, Verlaine
89. *Gente de Hemsö*, Strindberg
90. *Senhorita Júlia e outras peças*, Strindberg
91. *Correspondência*, Goethe — Schiller
92. *Índice das coisas mais notáveis*, Vieira
93. *Tratado descritivo do Brasil em 1587*, Gabriel Soares de Sousa
94. *Poemas da cabana montanhesa*, Saigyō
95. *Autobiografia de uma pulga*, [Stanislas de Rhodes]
96. *A volta do parafuso*, Henry James
97. *Ode sobre a melancolia e outros poemas*, Keats
98. *Teatro de êxtase*, Pessoa
99. *Carmilla — A vampira de Karnstein*, Sheridan Le Fanu

100. *Pensamento político de Maquiavel*, Fichte
101. *Inferno*, Strindberg
102. *Contos clássicos de vampiro*, Byron, Stoker e outros
103. *O primeiro Hamlet*, Shakespeare
104. *Noites egípcias e outros contos*, Púchkin
105. *A carteira de meu tio*, Macedo
106. *O desertor*, Silva Alvarenga
107. *Jerusalém*, Blake
108. *As bacantes*, Eurípides
109. *Emília Galotti*, Lessing
110. *Contos húngaros*, Kosztolányi, Karinthy, Csáth e Krúdy
111. *A sombra de Innsmouth*, H.P. Lovecraft
112. *Viagem aos Estados Unidos*, Tocqueville
113. *Émile e Sophie ou os solitários*, Rousseau
114. *Manifesto comunista*, Marx e Engels
115. *A fábrica de robôs*, Karel Tchápek
116. *Sobre a filosofia e seu método — Parerga e paralipomena (v. II, t. I)*, Schopenhauer
117. *O novo Epicuro: as delícias do sexo*, Edward Sellon
118. *Revolução e liberdade: cartas de 1845 a 1875*, Bakunin
119. *Sobre a liberdade*, Mill
120. *A velha Izerguil e outros contos*, Górki
121. *Pequeno-burgueses*, Górki
122. *Um sussurro nas trevas*, H.P. Lovecraft
123. *Primeiro livro dos Amores*, Ovídio
124. *Educação e sociologia*, Durkheim
125. *Elixir do pajé — poemas de humor, sátira e escatologia*, Bernardo Guimarães
126. *A nostálgica e outros contos*, Papadiamántis
127. *Lisístrata*, Aristófanes
128. *A cruzada das crianças/ Vidas imaginárias*, Marcel Schwob
129. *O livro de Monelle*, Marcel Schwob
130. *A última folha e outros contos*, O. Henry
131. *Romanceiro cigano*, Lorca
132. *Sobre o riso e a loucura*, [Hipócrates]
133. *Hino a Afrodite e outros poemas*, Safo de Lesbos
134. *Anarquia pela educação*, Élisée Reclus
135. *Ernestine ou o nascimento do amor*, Stendhal
136. *A cor que caiu do espaço*, H.P. Lovecraft
137. *Odisseia*, Homero
138. *O estranho caso do Dr. Jekyll e Mr. Hyde*, Stevenson
139. *História da anarquia (vol. 2)*, Max Nettlau
140. *Eu*, Augusto dos Anjos
141. *Farsa de Inês Pereira*, Gil Vicente
142. *Sobre a ética — Parerga e paralipomena (v. II, t. II)*, Schopenhauer
143. *Contos de amor, de loucura e de morte*, Horacio Quiroga
144. *Memórias do subsolo*, Dostoiévski
145. *A arte da guerra*, Maquiavel
146. *O cortiço*, Aluísio Azevedo
147. *Elogio da loucura*, Erasmo de Rotterdam

148. *Oliver Twist*, Dickens
149. *O ladrão honesto e outros contos*, Dostoiévski
150. *Diários de Adão e Eva e outros escritos satíricos*, Mark Twain
151. *Cadernos: Esperança do mundo*, Albert Camus
152. *Cadernos: A desmedida na medida*, Albert Camus
153. *Cadernos: A guerra começou...*, Albert Camus
154. *Escritos sobre literatura*, Sigmund Freud
155. *O destino do erudito*, Fichte

Edição _	Iuri Pereira
Coedição _	Bruno Costa e Jorge Sallum
Capa e projeto gráfico _	Júlio Dui e Renan Costa Lima
Imagem de capa _	Katsushika Hokusai, "Koishikawa yuki no ashita" (Koishikawa de manhã, depois da neve), gravura da série *Fugaku Sanjūrokkei* (Trinta e seis vistas do Monte Fuji), 1826
Programação em LaTeX _	Marcelo Freitas
Revisão _	André Fernandes
Assistência editorial _	Bruno Oliveira e Lila Zanetti
Colofão _	Adverte-se aos curiosos que se imprimiu esta obra em nossas oficinas em 2 de julho de 2014, em papel off-set 90 g/m², composta em tipologia Minion Pro, em GNU/Linux (Gentoo, Sabayon e Ubuntu), com os softwares livres LaTeX, DeTeX, vim, Evince, Pdftk, Aspell, svn e TRAC.

Pequeno Dicionário de Liturgia